JN240757

舌が上がると顔は10歳若返る

美容整体師
内山友吾

TONGUE POSITION

西東社

年々増える顔の悩みの原因は

どんなにメイクを重ねても隠せない、
たるみ、シワ、二重あご。
いつの間にか顔が長くなったり、ゆがんだり。
体質のせい、年齢のせい、美容医療にたよるしかない……。
それ、大きな間違いです。
顔の老けの原因、実は舌にあるんです。
普段の生活の中でとくに気にしていない舌の位置。
そこに注目した人から、
張りのある肌やスッキリとしたフェイスライン、
一生続く若々しさを手に入れることができます。

舌が下がったせいでした

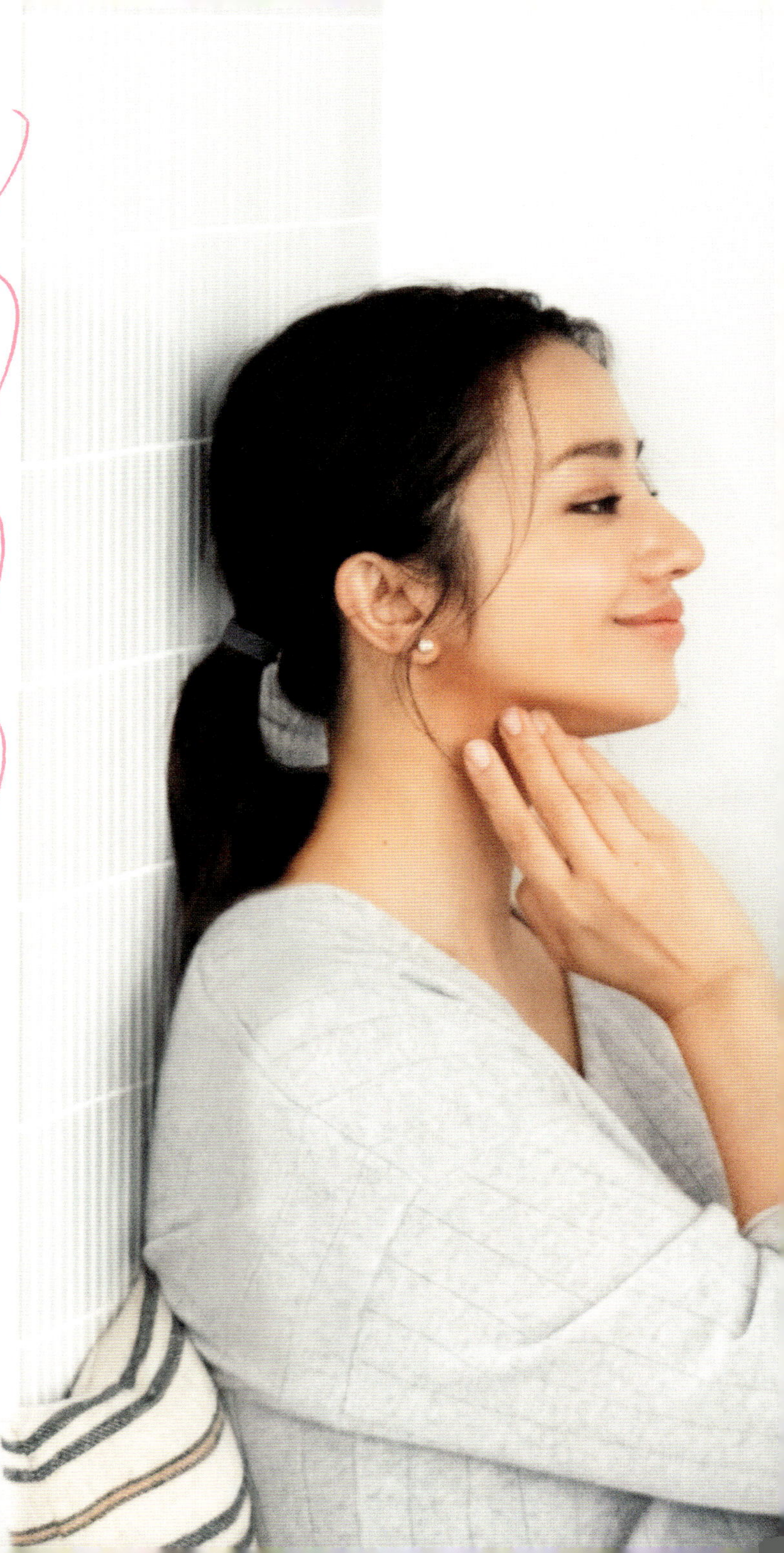

舌の位置を正すだけで
顔が勝手に上がる！

自分の顔に
自信がもてる

舌の正しい位置は上あご。
しかし、顔に悩みを感じている人の多くは、舌が下がっています。
舌は、実は筋肉。顔や頭全体を支えています。
そして、筋肉である舌も意識していなければ、
どんどん衰えてしまうのです。
舌を正しい位置に戻すことで
筋肉と骨格のバランスを内側から自然に整え、
健康的で美しい顔に変えていくことができます。
最初は正しい位置に保つことが難しいと感じるかもしれません。
本書では毎日少しずつ習慣づけることで、
いつの間にか正しい位置が当たり前になる方法をご紹介します。
気づいたときには10年前よりも自分が好きになれる、
鏡を見るのが楽しくなる毎日が待っています。

美しさも健やかさも

美容整体師
内山友吾先生

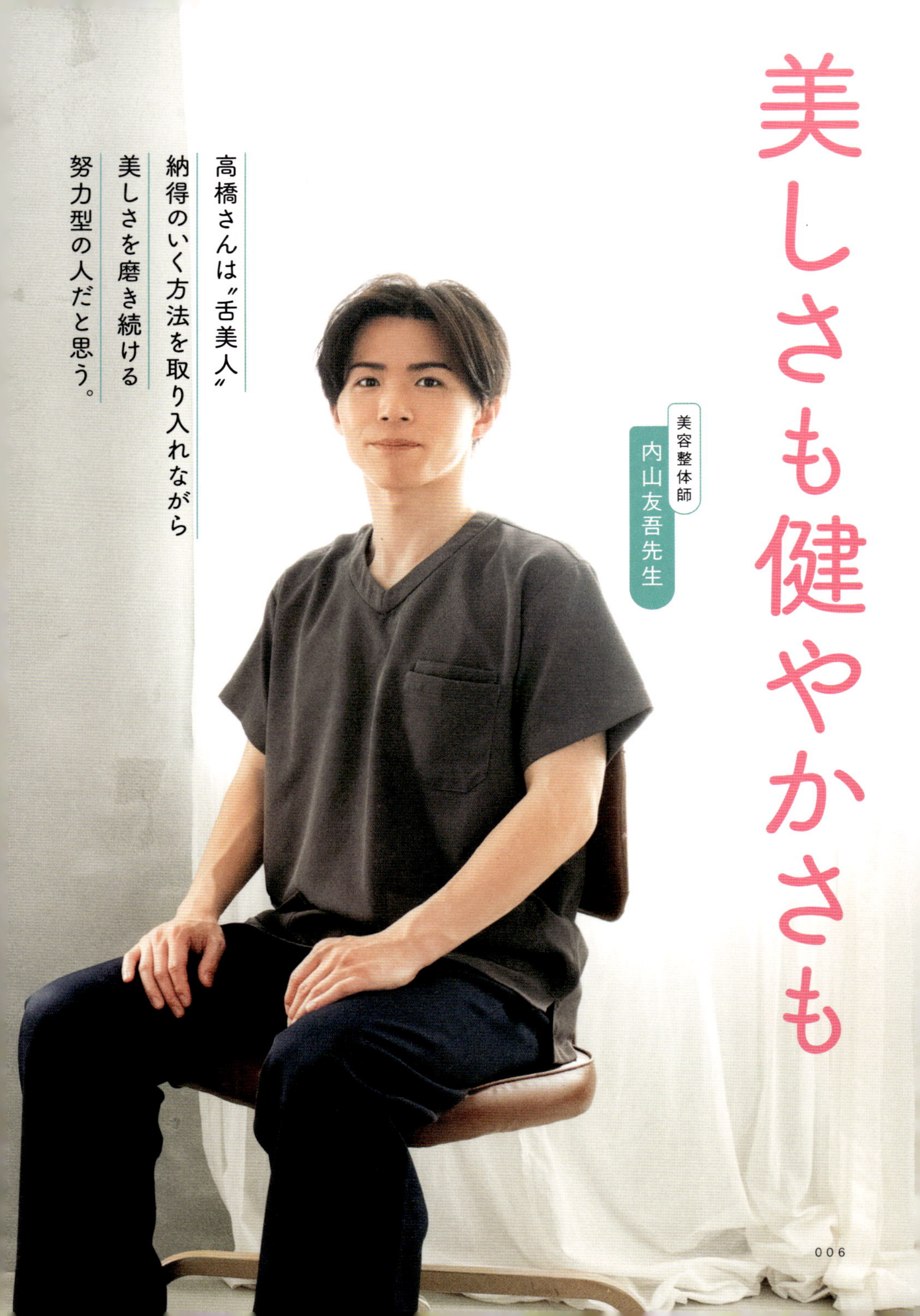

高橋さんは〝舌美人〟
納得のいく方法を取り入れながら
美しさを磨き続ける
努力型の人だと思う。

舌の位置で一生差がつく

「舌の位置を正しくする」
その意識だけでも
大きな差が出るのを感じます。

毎日、少し舌の位置を意識するだけで

高橋「先生が教えてくれる方法はとっても簡単。忙しくても続けられるから、自信をもって皆さんにおすすめしたいです」

内山「どんなに忙しくても呼吸はしなきゃいけないでしょ。舌の位置も呼吸と同じように〝無意識レベル〟で正しくできれば理想的ですよね」

高橋「私、最初は『意識しなきゃ』って構えてました。でも続けているうちに、ふとした瞬間に『あ、今ちゃんと舌が上にあるな』って、気づくようになったんです！」

内山「確かに慣れてくると、無意識でできるようになりますよね。舌は姿勢や呼吸にも大きな影響を与えます。だから意識的に鍛えなくても、正しい位置に置くことが習慣になれば、それだけで顔も体も変わっていく。顔のリフトアップはもちろん、呼吸が深くなって酸素の巡りもよくなる。全身のコンディションも整いやすくなるんですよ」

驚くほど顔が上がるんです

高橋　「本当にそれを実感しています。私、もともと食いしばりがすごくて、歯医者さんで『かなり強い』と驚かれたことがあります。でも、舌が正しい位置になって、食いしばりからくるエラの張りや頭痛が減りました」

内山　「それは素晴らしいですね。舌の位置が整うと、力みが取れます。顔まわりの筋肉は微妙なバランスで成り立っていて、口元やフェイスラインが上がるだけでなく、噛み合わせや歯並びにも連鎖的に影響が出るんです」

驚くのは
一度やっただけでも

リフトアップが叶うこと！しかも、ずっと続く

私自身もこんなに変わりました

年々若返っていると言われます！

28歳の頃
（舌が落ちている状態）

フェイスラインが下がり、首のあたりにもたるみがあって、全体的にむくんだ印象。

↓ 10年後

38歳
（舌の位置が正しい状態）

顔の輪郭がくっきり。あごまわりの余分な力みが取れ、口元が引き締まった印象に。鼻筋が通り、首も長く見える。

高橋　「メイクやヘアセット中に、こっそり舌を動かすことも。フェイスラインがスッとアップします。鏡を見て『あ、上がってる！』と思うと、もうやめられません（笑）」

内山　「メイクやスキンケアも大事かもしれませんが、それだけじゃ変わらない部分も大きいでしょう」

高橋　「実際、『今日はシュッとしてるね』とヘアメイクさんにほめられるんです」

内山　「舌の位置を変えるだけで即効性がある。しかも続けやすいから習慣にしやすい。呼吸が改善され自律神経まで整い、内側から美を磨けます」

高橋　「理想の状態がずっと続く感じ。毎年キレイを積み重ねていきたいです！」

顔が引き締まり小顔になった！

Tさん／42歳

AFTER　BEFORE

ほおのたるみが解消し、フェイスラインがスッキリしました。舌が動かしやすくなったのも大きな変化。メイクのノリもよくなり、美顔器より効果が持続すると感じます。『小顔になった』とほめられました！

たった1週間で
100%
が実感！

1日3分の舌トレで 引き上がった!!

9人のモニターさんたちが1週間、舌トレにチャレンジ！
ご本人たちもびっくりの変化や効果について
くわしく教えていただきました。

あご下や口元のたるみも改善！

Hさん／51歳

在宅ワークや長時間のスマホ作業のせいか、むくみやたるみが気になっていました。でも1週間でほおに張りが出て、あごのたるみも見事に解消。鏡を見るのが楽しみになりました！

外国語の難しい発音ができるように！

Hさん／57歳

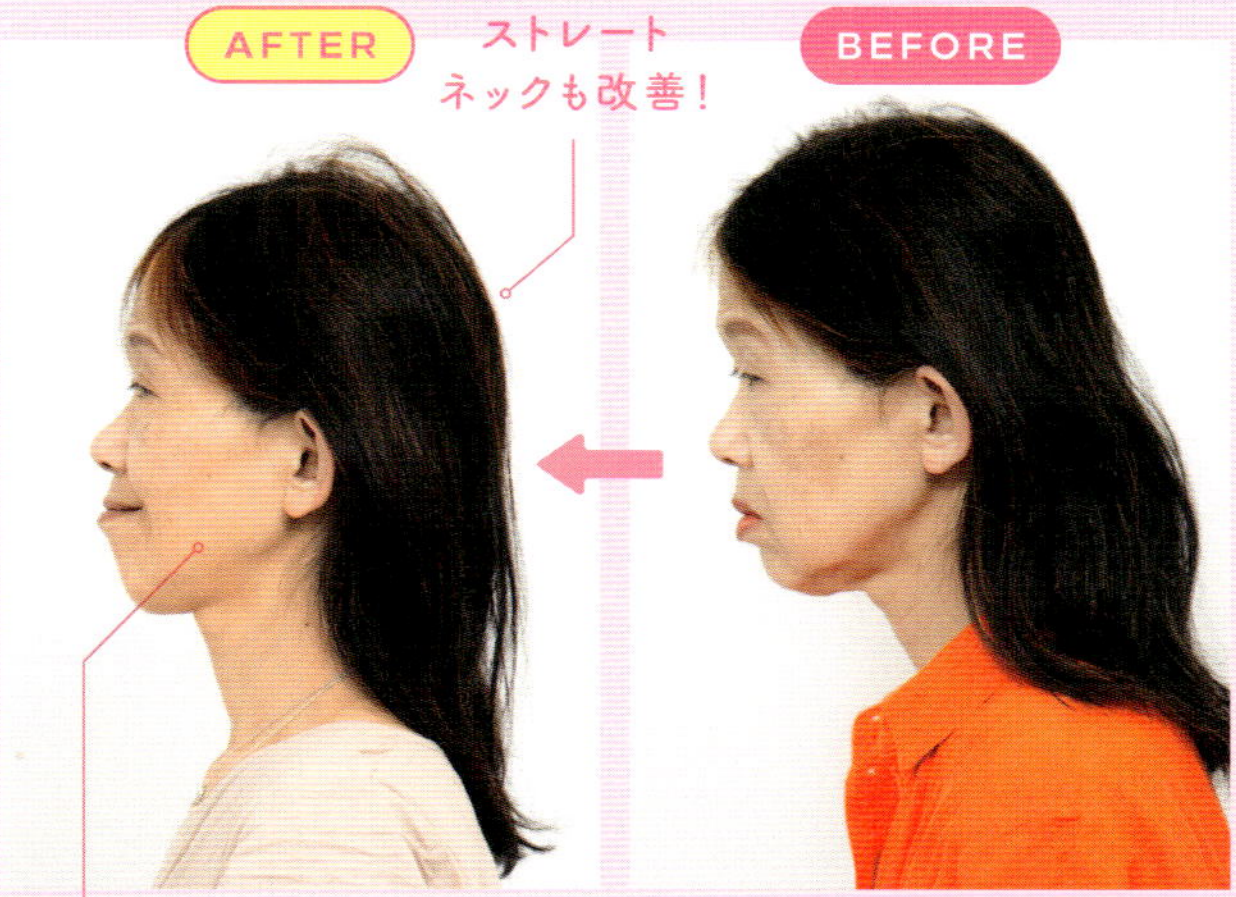

あごまわりのもたつきが改善されたり、血色がよくなったり、ストレートネック気味の姿勢が治ったり、数えきれない変化がありました。滑舌までよくなり、難しい外国語の発音がスムーズにできるようになって感激です！

顔が

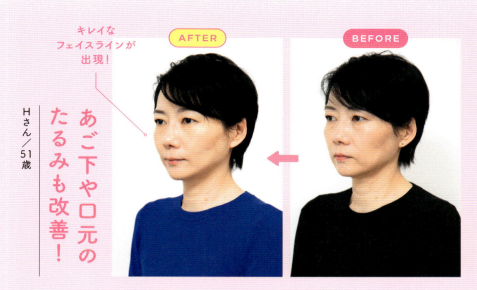

首のシワが目立たなくなった！

Mさん／47歳

肌に張りが出て顔の形が変わったように感じます。うれしいのは、悩んでいた首のシワが軽減したこと！　仕事のしすぎでリラックスする時間が皆無でしたが、セルフケアの効果と習慣化の大切さを感じました。

口元のシワが薄くなった！

Kさん／60歳

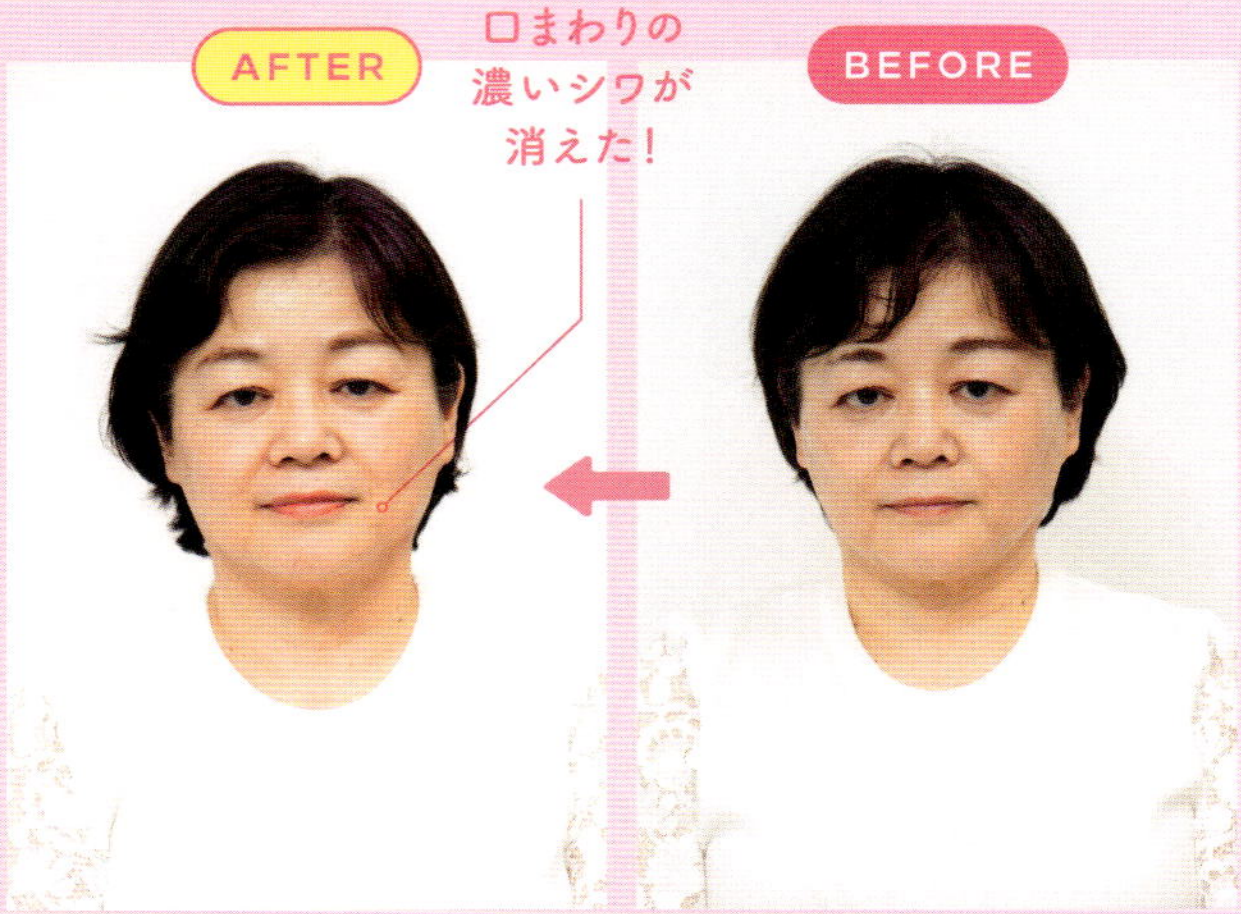

1週間続けることで、最初のときより舌がよく出るようになったことを実感しました。口まわりのシワが薄くなったり、姿勢も改善。嚥下の力を保つのにもよいと思いました。

フェイスラインが上向きに！

Uさん／41歳

肌が
トーンアップ！

AFTER

BEFORE

あごのたるみがスッキリし、顔が小さくなった感じがしました。夜の入浴タイムに行ったので、無理なく続けられました。舌へのアプローチ、効果がすごく出て楽しかったです。

顔全体が変わった!? 首長効果も実感

Kさん／52歳

AFTER

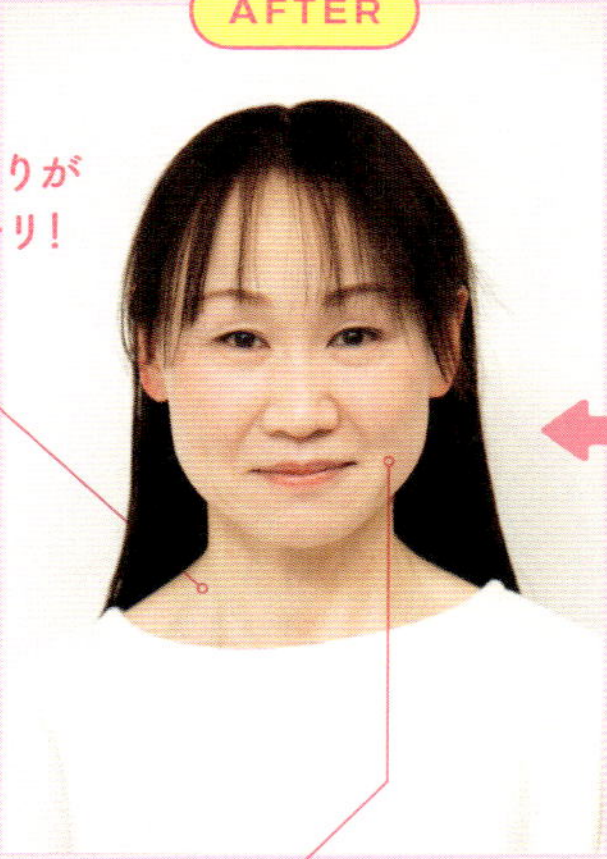

BEFORE

首まわりが
スッキリ！

肌に張りと
血色が出た

顔が上がり、首が長くなったように感じます。ほおもスッとなり、顔の印象が変わりました。やりにくさに左右差があると気づけたのも収穫です。

お肌スベスベ
睡眠の質もアップ！

Tさん／51歳

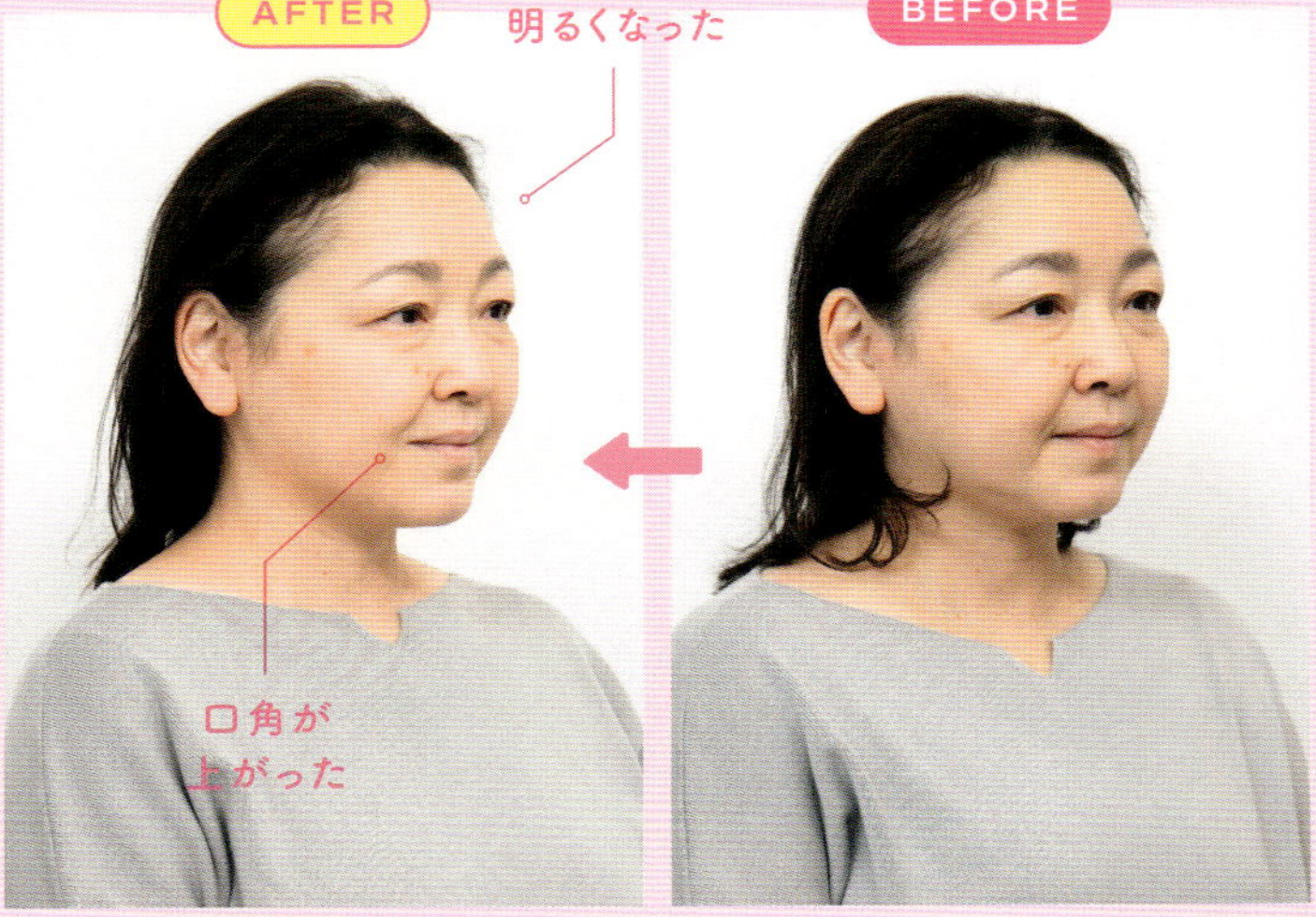

口角が上がり、ほうれい線が薄くなり、お肌はスベスベ！　舌レッスンの即効性を実感しました。家族にも『スッキリしてきたね』と言われました。眠りが深くなったのもうれしいです。

口角がアップ！
全体的に引き締まった

Sさん／54歳

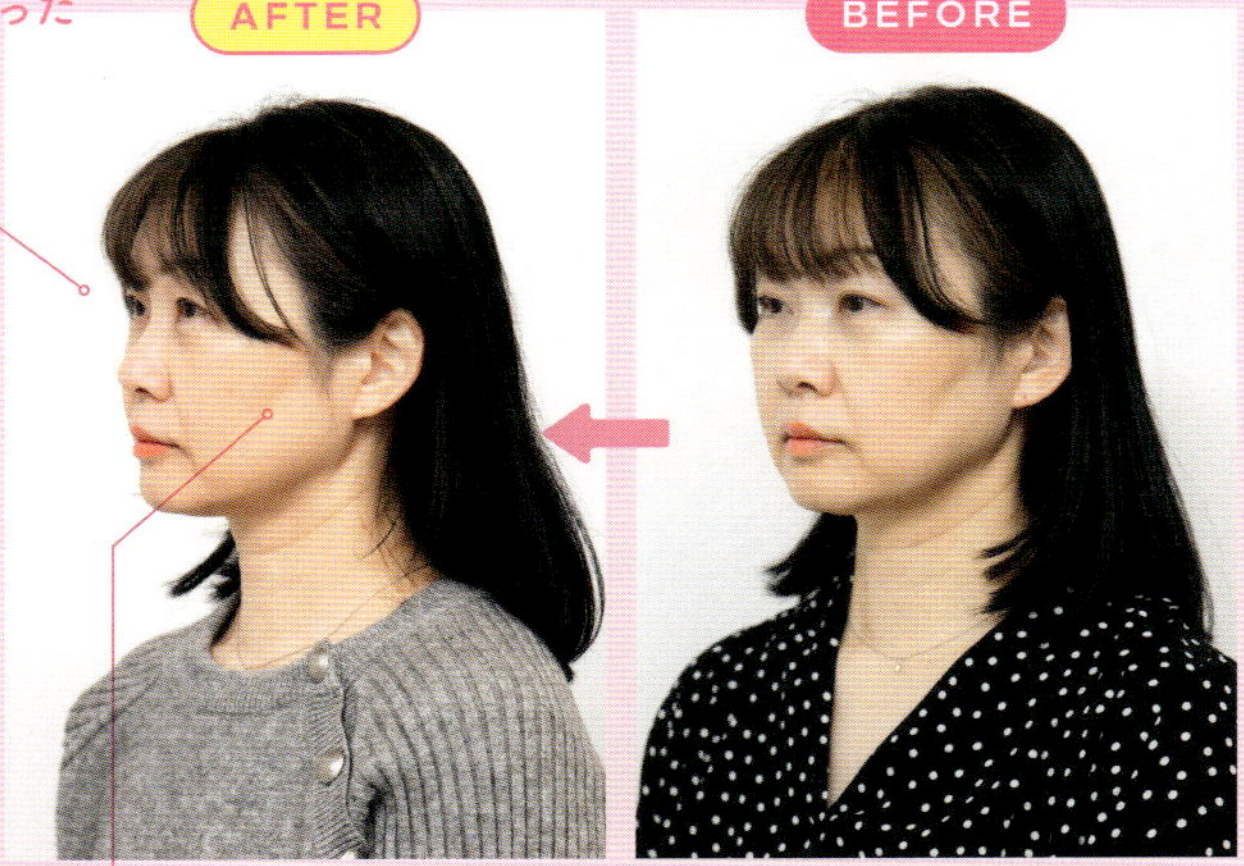

口まわりが下がっているのを気にしていましたが、口角が自然と上がり笑顔が増えたねと言われました。全体に引き締まってきて、さらによく眠れるようにもなりました。

たったの1週間だけでも
全員が効果を実感しました

さぁ、あなたも試してみて！

舌トレを1日わずか3分でも続けると、こんなに変化が実感できるんです！

モニターの皆さんの感想を見ると、わずか1週間でフェイスラインがスッキリし、あごのたるみやほおのむくみが解消されています。

驚くことに、見た目の変化だけでなく、滑舌がよくなったり睡眠の質が向上したりと、予想以上の効果が実証されています。とくに「家族に変化を指摘された」という声は説得力があります。自分では気づきにくい変化でも周囲には伝わるのですね。

簡単なエクササイズで早く効果が出るのも、継続のモチベーションになりますね。あなたも今日から舌レッスンを始めてみませんか？　モニターさんたちや私のように、「小顔になった」「スッキリした」「若返った」と言われる日が、きっとすぐ訪れますよ。

美容整体師　内山友吾先生

目次

PART 1

舌が変わると顔が変わる！

PART 2

舌を正しい位置に戻す3分の舌習慣

PART 3

その悩みは口の中から解決できる！

PART 4

舌の位置が変われば体も変わる！

PART 1

内側から美しくなれる舌の位置を変える魔法。

外からの美容法の効果が感じられないのは
あなたの舌が正しい位置にないから。
舌の位置を変えるだけで
若々しさがよみがえります。

舌が変わると顔が変わる！

舌が落ちると顔全部が落ちてくる

目の下のたるみ。フェイスラインのもたつき。二重あご。よく見ると、眉尻や口角も垂れ下がってきている。そんな変化にギョッとした瞬間は、ありませんか？　そして「歳のせいだから、仕方がない」と、見て見ぬふりをした経験、きっと、あなたにもあるんじゃないでしょうか。私は美容整体の専門家として、そんなお悩みにお応えし続けてきました。そこであるとき気づいたのは、**「顔に外側からアプローチするだけじゃダメ」**という現実です。

顔の筋トレやリフトアップ施術のみでは、効果は長続きしません。美しさを保つには、顔の内側、つまり舌やあご、口まわりに目を向ける必要があるのです。私がもっともお伝えしたいのは「顔の老化は、舌が落ちたせい」という衝撃的な事実です。舌が落ちる、つまり舌が「正しい位置」でなくなることを本書では「落ち舌」と呼ぶことにします。この落ち舌のせいで美しさを逃している人が多いのです。

今この瞬間、あなたの舌先はどこにあるでしょうか？　**口を閉じたときに舌が上あごに触れていないのであれば、その舌は落ち舌の可能性が高い**です。気がつかずに落ち舌になっている人は実は多く、「2人に1人が落ち舌」というデータもあります。

落ち舌の種類は大きく分けると次の3種類です。

- 舌が落ちている状態
- 舌が落ちて、前に出ている状態
- 舌が落ちてはいないけれども、前に出ている状態

舌は顔の内側の筋肉を支える土台のような役割を持っています。舌が落ちると顔全体の土台が崩れ、シワやたるみが出てきます。ですから、顔の皮膚を健やかにピンと張った状態に保ちたいなら、土台である舌に注目すべきなのです。

2人に1人が「落ち舌」になってしまうワケ

いったいなぜ、落ち舌が増えているのでしょうか？

「舌＝筋肉」と意識をしていないことが大きいでしょう。顔や体の筋肉を鍛えようとする人は多いのに、舌の大切さには気づけていないのです。

世の中のデジタル化も、落ち舌の増加に拍車をかけています。**スマホやタブレット、パソコンなどで長時間デジタルの作業**をしていると、舌がだらんと怠けた状態になりがちです。また、**マスク着用**という生活様式も大きな要因です。マスクをつけると、口を少し開いたままになりがち。口に力を入れる機会が激減し、舌はどんどん、使われなくなるわけです。**会話の減少**も忘れてはいけません。リモートワークの普及などで会話が減り、口を動かす機会＝舌を使う機会が大幅に減り、落ち舌が増えているのです。

顔と体をつなぐ舌こそ全身の要。顔のゆがみや歯並びの悪化、姿勢の崩れ、代謝の低下、睡眠障害など、美容面だけでなく健康にも深刻な悪影響が及びかねません。あなたのキレイを支えるのは、顔の表面を鍛えたり、肌に栄養を届けたりすること以上に、「舌の位置を正しくすること」かもしれません。

✓ 落ち舌になりやすい人チェック

マスクを長時間着用する人

マスク越しの会話では口の動きが制限され、表情筋が使われにくくなるため、舌の位置が悪くなりがち。

スマホやタブレットを長時間使用する人

首を下げた姿勢で画面を見ることで、頭が前に突き出し、舌が下がりやすくなる。

会話や声を出す機会が少ない人

声を出さないことで舌や口まわりの筋肉が弱まり、舌が下がりやすくなる。

猫背や姿勢が悪い人

背中が丸まったり頭が前に出た姿勢では、舌が重力に引っ張られて下がる可能性が高い。

柔らかい食べ物ばかりを食べる人

噛む回数が少なくなることで、あごや舌の筋力が衰え、舌が正しい位置に保たれにくくなる。

ストレスを抱えがちな人

ストレスによって口まわりの筋肉が硬直し、舌の動きが制限される場合がある。

加齢による筋力低下を感じる人

年齢を重ねることで舌やあごまわりの筋力が衰え、舌が下がりやすくなる。

運動不足の人

全身の筋肉と連動する顔や首の筋肉が弱まり、舌の位置を支える力が不足する。

歯並びや噛み合わせに問題がある人

歯やあごのバランスが崩れることで、舌の正常な位置が保ちにくくなる。

睡眠時に口呼吸をする人

口を開けたまま寝ると舌が自然に下がり、落ち舌の状態になりやすい。

「落ち舌」に気づいた今がチャンスです！

舌が顔に影響するなんて信じられないですよね。でも、それが現実。落ち舌は、気づかないうちに顔や体のシルエットを変えてしまう厄介者なんです。

落ち舌が「広く知られていない」理由は、いくつかあります。

一つは医者でも気づきにくいこと。病院で「舌の位置が悪いですね」と診断されることなんて、ほとんどありません。なぜなら、舌の位置が原因で、すぐに大病になるわけではないから。もし指摘されるとすれば、歯列矯正の診察時にほんの少し触れられるのが関の山です。親ですら、子どもの表情や口の動きを気にすることはあっても、舌の位置にまで目を向けることはなかなかないでしょう。

根本的な問題はもう一つあります。そもそも正しい舌の位置を知らない人が多すぎるんです！

私のクライアントの多くも「舌は口の中でなんとなく浮いているもの」だと思い込んでいました。**正しい舌の位置は、舌の根元から上あごに触れている状態。**これを知らなければ、自分の舌がどこにあるべきかもわかりませんよね。

そして、落ち舌の影響はすぐには現れません。顔の変化は少しずつ進むので、「年齢のせいかな？」と誤解されがちなのです。

私自身も、舌の位置を意識しないまま過ごしていた時期がありましたが、正しい位置を習慣にすると、フェイスラインがくっきり、口が前に出っ張る口ゴボやだんご鼻もみるみる改善し、自分でも驚くほど写真映りがよくなりました（私はよく動画を撮っているので、すぐに気づきました）。

今、この文章を読んでいるあなたは、とってもラッキー！　なぜなら、多くの人が見過ごしている「顔の変化の隠れた原因」に気づけたからです。これからは、**舌が顔の未来を左右している**ことを、ちょっと意識してみませんか。

舌には正しい位置がある

舌の正しい位置は、**「根元から持ち上げた舌が、上あごにくっついている位置。とはいえ舌先は歯に当たっていない状態」**です。舌先が上あごの〝特等席〟通称「スポット」（左ページ図）に触れている状態でもあります。スポットとは、前歯の裏側の歯茎にある小さな突起のあたりで、ここに舌先を置くと、舌が理想のポジションに収まります。

では、スポット探しを始めましょう。

まず、舌先を前歯の裏側に当てます。そこからゆっくりと上あごに沿ってうしろにすべらせてみてください。「なんだか柔らかくて少し凹んでいる部分がある！」と感じたら、そこがスポット。舌先を当ててみましょう。舌全体が上あごにぴったり密着するように意識してください。実際には、舌すべてが上あごにつくわけではありませんが、そう意識するくらいで、ちょうどよいのです。

正しい位置を自然に身につけるための手順のおさらいです。

❶ 舌先をゆっくりと前歯の裏側から上あごにすべらせる
❷ 途中で見つけた「スポット」に舌先を置く
❸ 舌全体を上あごに密着させるよう意識する
❹ 唇を軽く閉じ、鼻からスーッと息を吸う

何度か繰り返すと、だんだん自然にできるようになります。唾液や食べ物を飲み込むときも、舌先がスポットに収まったまま、舌全体を上あごに押し上げること。これができると、唾液量が増え、消化がよりスムーズになり、腸への負担を減らす効果も期待できます。

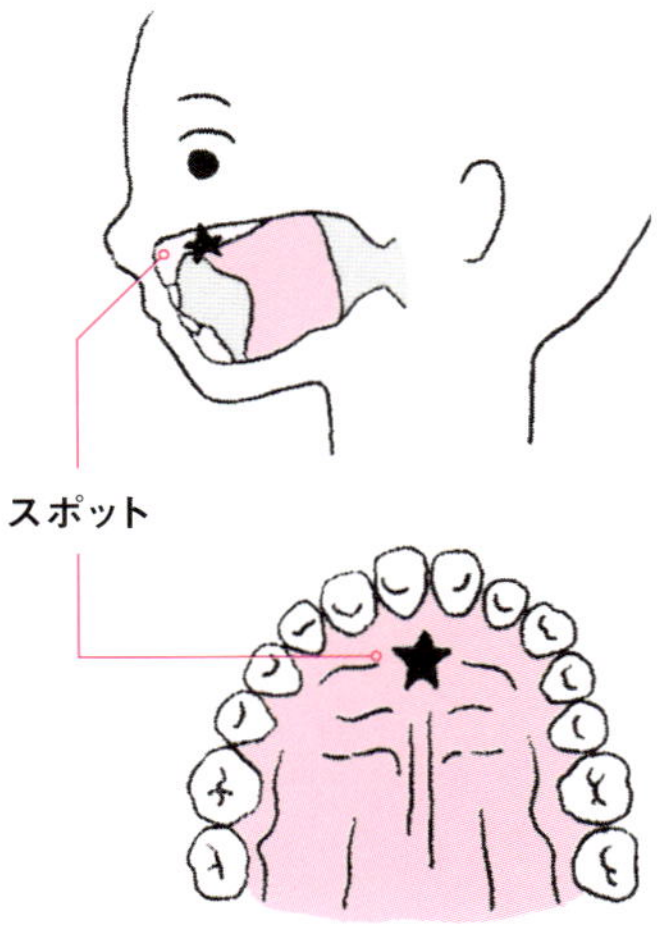

正しいと間違われやすい
ダメな舌位置

それでは「舌の正しい位置」に次いで、危険度の高い「ダメな舌」の３タイプをご紹介しましょう。この３つの分類は、多くのクライアントに接した経験をもとに、私がたどりついたものです。この分類にかかわらず「落ち舌」の人には、上の歯にせよ、下の歯にせよ、舌で歯を押し出してしまう傾向があります。すると長い時間をかけて歯が前に出てしまい、歯並びが悪くなってしまうことがあります。

また、正しい位置と勘違いされやすい「ダメな舌」もあります。第３位の「上前舌」です。鏡で、よく注意して見てください。

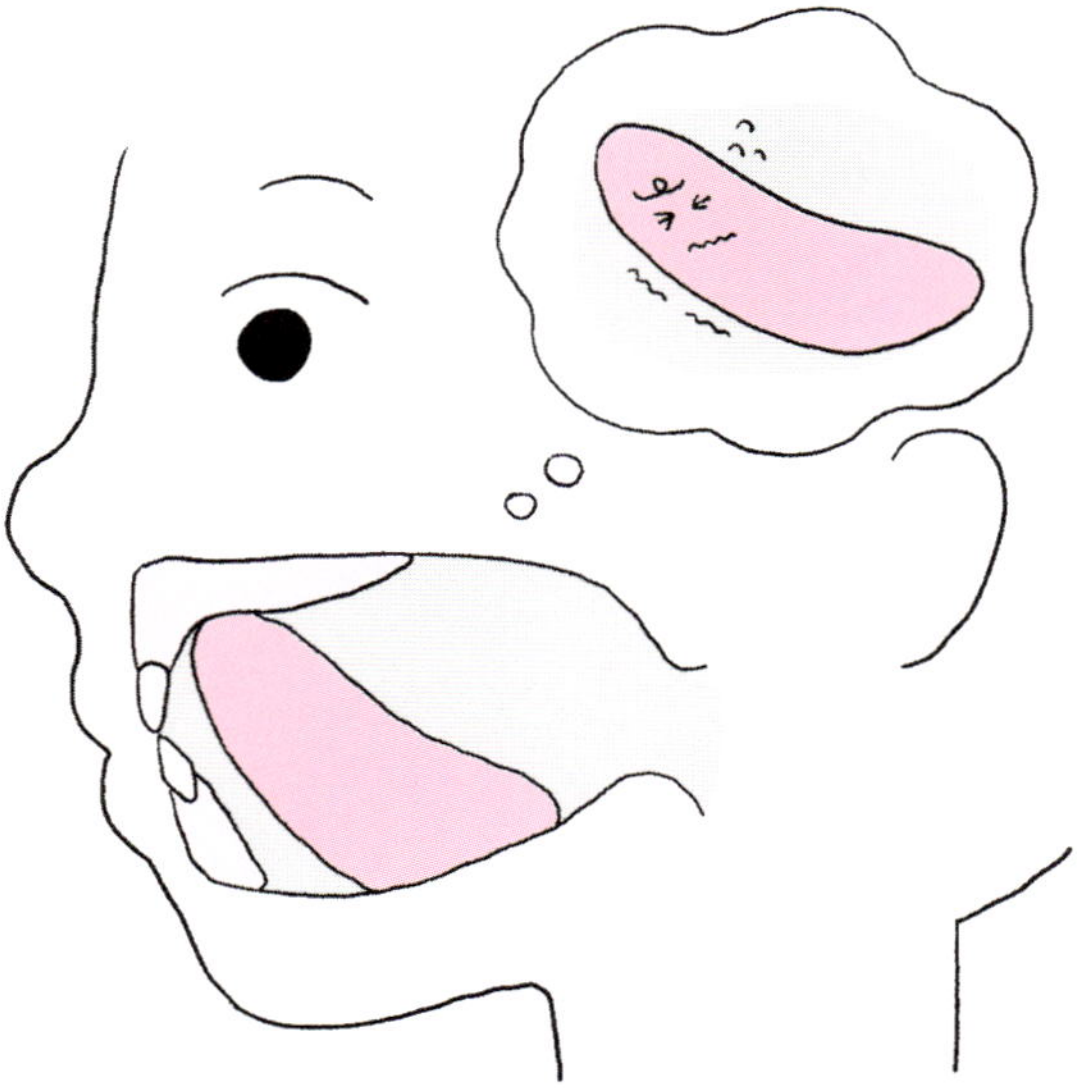

第3位 ― 上前舌

一見すると、「正しい位置についている」ように見える「上前舌」。でも実は舌先だけが上についていて、奥がついていない状態です。

つまり、まるでハンモック状態ということ！　中央部分が垂れ下がって、ぷらんぷらんしているようなものです。

しっかり支えられていないのでバランスが悪く、見た目や健康面に悪影響を及ぼします。

第2位 ― 単純落ち舌

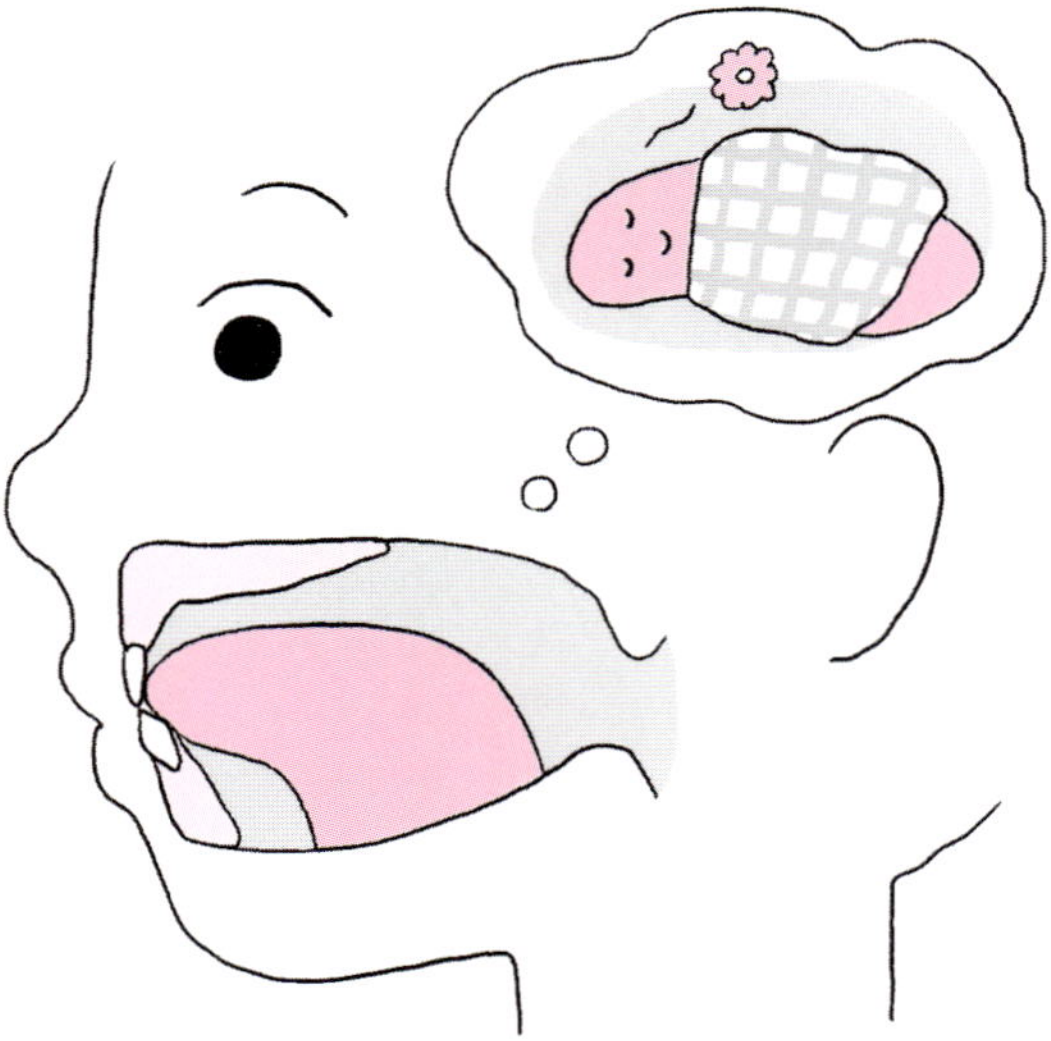

「単純落ち舌」とは、その名の通り舌が口の下でリラックスして寝そべっているような状態です。布団の中で休んでいるイメージです。

もちろん、舌が常に緊張したり、働いていたりする必要はありません。とはいえその役割を忘れてしまうほど、怠けているような状態ですから、舌の筋力が低下し、それによりあごがゆがんだりと、さまざまな悪影響が心配されます。

第1位 ― 落ち前舌（もっとも危険）

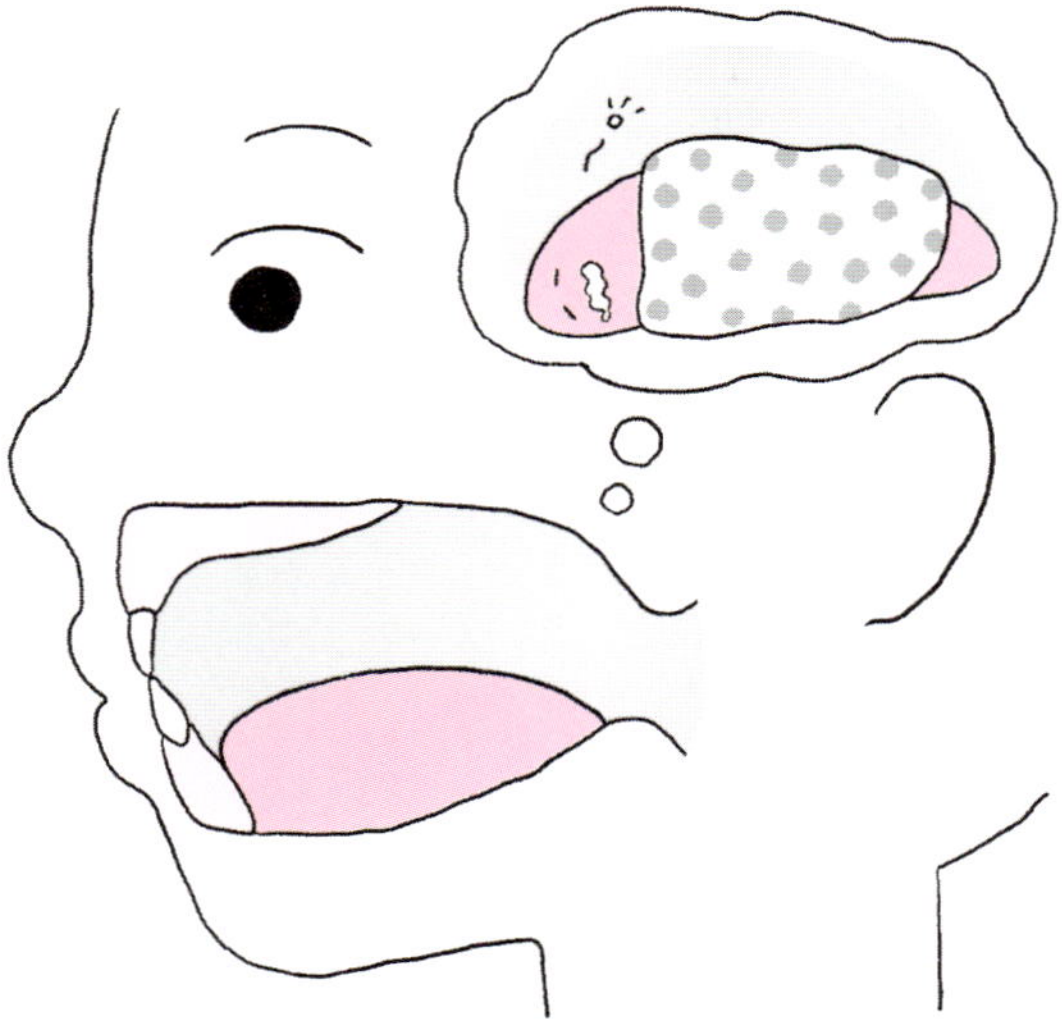

「落ち前舌」は、舌が下に落ちているだけでなく、前にも出てしまっている状態です。たとえて言うと、寝転んだベッドから下にずり落ち足がだらんと出ているような人を想像してみてください。筋肉が、ゆるみきっている状態です。

舌の筋力低下はもちろん、口呼吸がクセになり、あごもゆがみ、歯並びや顔の形まで変わっている可能性が高いです。

舌は顔や頭の骨を支える柱！

舌は顔の骨や頭全体を支える「見えない柱」のような存在です。

驚かれるかもしれませんが、頭の重さは体全体の約10％とされます。つまり、体重が60kgの人の頭は6kg。ボーリングの球は6～7kgですから、それくらいです。「米5kgより重い」というとわかりやすいかもしれません。その重さを頚《けい》椎《つい》や舌を含む筋肉群が支えている、というわけです。

舌が下がると、このバランスが崩れ、首や肩の筋肉が無理をし、背骨や自律神経にも影響を及ぼします。すると呼吸も浅くなり、さらに全身のエネルギー効率まで悪化してしまうのです。

想像してみてください。ビルを支える柱が少しでも傾くと、壁がひび割れ、建物全体がゆがみますよね。それと同じことが、顔や姿勢にも起こります。

舌が下がると、使うべき筋肉を使えず、かたよったり、余計な力を使い続けることになり、**ほおがたるみ、口元が下がり、顔が間延びし、横に広がったりします。**顔だけでなく**姿勢や体のラインが崩れたり、疲れがたまったりします。**

では、いったいどうすればよいのでしょうか。

舌は正しい位置にありさえすれば、その重力を支える役割を自然に果たしてくれるようにできています。「根元から持ち上げた舌のかなりの部分が、上あごにくっついている位置。とはいえ舌先は歯に当たっていない状態」。この位置にあれば、顔や姿勢が自然に整い、見た目にも若々しく、美しくなります。姿勢がよくなることで呼吸も深くなり、体全体が軽やかに感じられるでしょう。

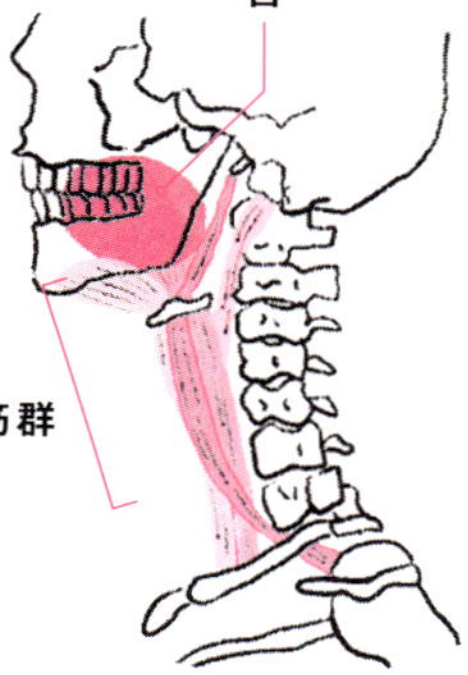

「舌骨筋群」と呼ばれる８つの筋肉群が、頭を支えている。舌が正しい位置にあると、舌骨筋群が頭蓋骨と胸部をつなぐ。しかし舌が落ちると、姿勢が崩れ、自律神経が乱れる。

舌骨は“縁の下の力持ち”宙に浮く

舌は顔や頭の骨全体を支え、首や肩の筋肉に負担をかけずに姿勢を保つ、柱です。しかし、頭や顔を支えるためにもう一つ重要な存在があります。それが「舌骨」です。誤解されやすいのですが、舌骨は、舌とは違う位置にあります。ですが、舌との間には深い関係があります。

舌骨は、のどのまんなかあたりにある小さなU字型の骨です。驚くべきことにほかの骨とは直接つながっていません。かわりに、多くの筋肉に支えられた状態で、まるで宙に浮いているように存在しています。この特別な骨が、舌の動きやあご、さらには首や胸の筋肉と密接に関係しているのです。

さて、落ち舌になるとこの舌骨がどうなるのでしょうか？

舌骨には、舌やあご、胸骨、鎖骨などから筋肉がつながっています。これらの筋肉は、舌骨を上下左右に動かし、舌やのどの動きを支えています。しかし、**落ち舌になると舌骨もつられて下がります。**そして次のようなことが起こります。

- **顔の下半分が丸ごと引き下げられ、顔が間延びする**
- **首の前後がむくみ、デコルテラインが崩れる**
- **姿勢が悪くなり、首や肩の筋肉に負担がかかる**

では、舌骨が正しい位置にあると、どんなよいことがあるのでしょうか？ まずあごの下が引き締まり、二重あごが解消され、顔が小さくなったと感じられるでしょう。また、猫背が改善し、睡眠が深くなる効果も期待できます。朝、体が軽く感じられることでしょう。

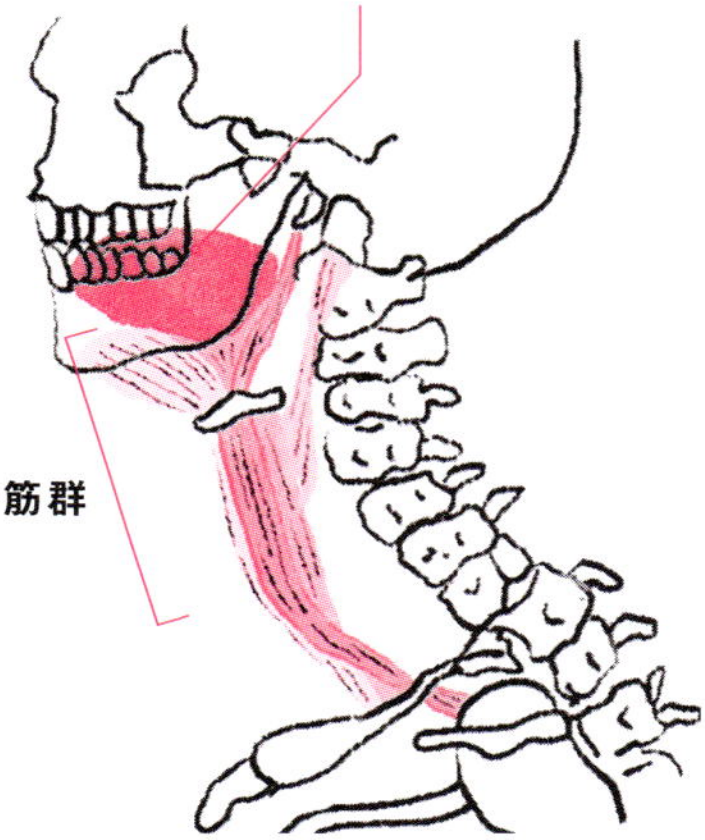

舌骨が下がるとあごや首まわりの筋肉も弱まり、さらにあごのバランスや姿勢が崩れてしまう。

舌骨上筋群をちゃんと働かせる

舌骨は「多くの筋肉に支えられた状態で、まるで宙に浮いているように存在している」とお伝えしました。ということは、舌骨を支える筋肉たちが正しく働いていることが大事です。その筋肉たちの中でも「舌骨上筋群」に注目することで、なぜ「舌が落ちる」か理解することができます。

舌骨上筋群とは、その名の通り舌骨の上に位置する筋肉群です。舌骨を引っ張り、舌がのどの奥に垂れ下がらないように支えています。この筋肉群が十分に働いていないと、舌骨が下がり、それにつられて舌も下に落ちてしまいます。（「舌が落ちると舌骨も落ちる」。それと同じように「舌骨が落ちると舌も落

ちる」。舌と舌骨は、それほど深く関連しています）

一方、舌骨上筋群が正しく働いているとどうでしょうか。

舌骨が適切な位置を保つことで、舌も高い位置をキープしやすくなります。つまり落ち舌を遠ざけられるわけです。それに加え、舌の動きがスムーズになり、飲み込みや発声も楽になり、呼吸も自然にしやすくなります。寝ているときのいびきや無呼吸のリスクも減らすことができます。

また、舌骨が正しい位置にあると、顔や首まわりの筋肉が活性化され、リンパの流れもよくなります。その結果、顔がむくみにくくなり、肌に透明感が出て若々しく明るい印象を与えます。

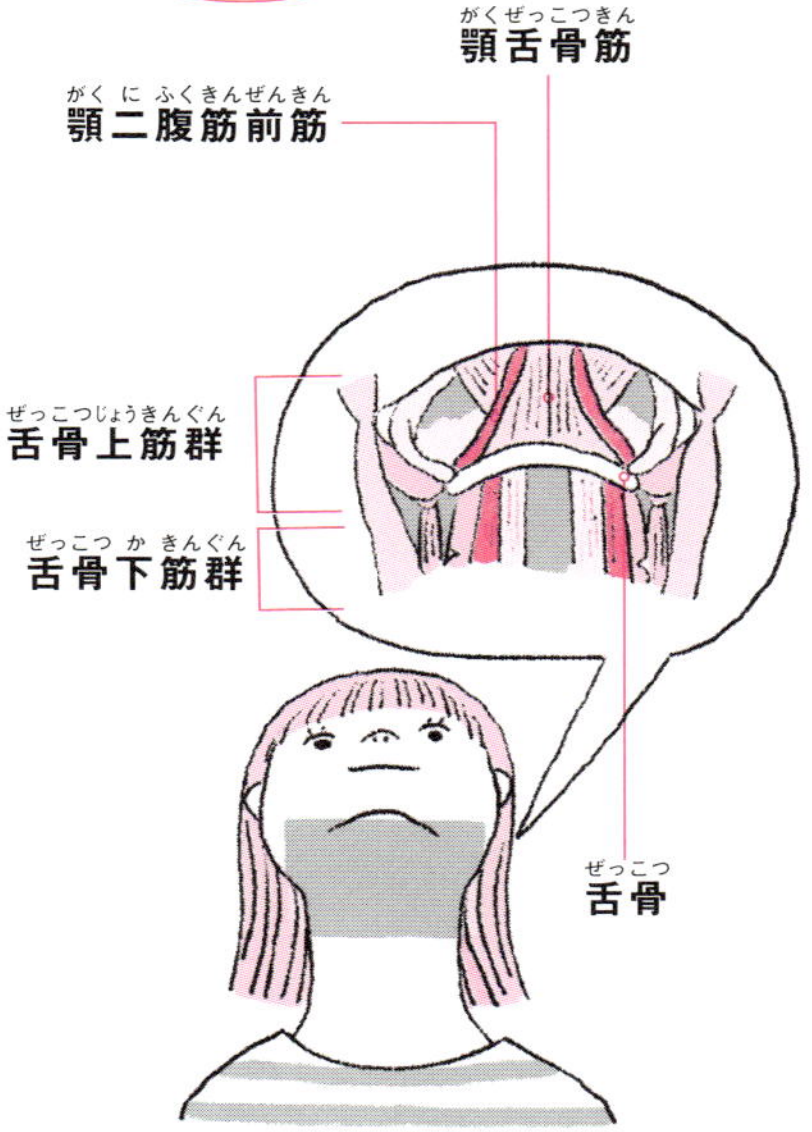

舌骨上筋群を特別に「鍛える」必要はありません。**「舌骨上筋群という筋肉がある」と意識するだけでも、驚くほど変化が起こるのです。**舌骨と舌骨上筋群を理解することは、健康で美しい体を手に入れるための第一歩なのです。

落ち舌の人は二重あごになりやすい口ゴボも舌が原因!?

前にも見た通り、舌が落ちると「舌骨」も一緒に落ちます。舌骨が下がると、舌に引っ張られる形で舌全体が少しずつ前に出たり、下がったりします。すると顔全体のバランスが崩れ、二重あごや口ゴボが引き起こされかねません。

二重あごというと、多くの人は「太っているせい」と考えがちです。でも実際には脂肪のせいというよりも舌の位置、つまり落ち舌が関係しているケースが多いのです。悪い姿勢や口呼吸、さらにはスマホの長時間使用などで舌が正しい位置からずれ、下がってしまうと、あごのラインがぼやけ、結果として二重あごのように見えてしまいます。**「二重あご」に見えるのは、落ちた下あご**というわけです。

また口ゴボも大きな問題です。

口ゴボとは、横から見たときに「口元が全体的に前に突き出ているように見える状態」を言います。実はこれにも舌の位置が大きく影響しています。落ち舌のせいで、下あごも落ちて、かつ前に押し出されるせいで、口が前に出る状態が引き起こされるのです。つまり舌ばかりでなく**「あごも落ちて、前に出る」**わけです。この現象は、**「落ち前舌」**（舌が下に落ちたうえに、前にも出てしまっている舌のこと）とよく似ていますね。

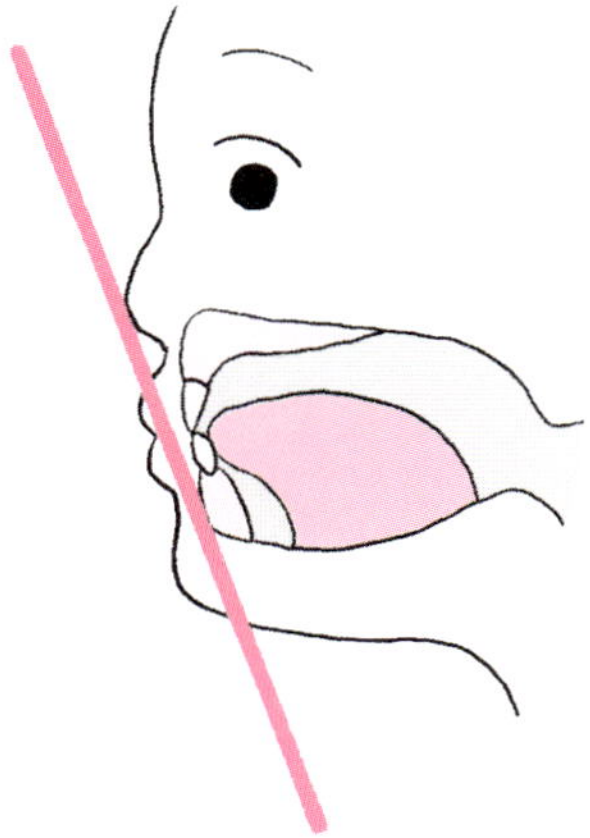

「舌の位置なんて気にしたことがなかった」という人は、舌の位置を見直すことで、顔全体の印象が大きく変わる可能性があります。二重あごや口ゴボで悩んでいるなら、まずは舌の位置をチェックしてみましょう。

舌が下がっていないか**チェック**してみよう

「私の舌って、下がってる？」。そう思ったあなた、まずはセルフチェックをしてみましょう！　舌の位置のセルフチェックにはいくつかの方法があります。ここでは次の４つの方法を紹介します。

1. **鏡で左右チェック**
2. **スプーンで舌の力チェック**
3. **歯型チェック**
4. **舌まわし**

やりやすいものから試してください。取り組む前に、舌の位置の写真をスマホなどで撮っておくのもおすすめです。

① 鏡で左右チェック

まず、舌の左右バランスを鏡で確認しましょう。

❶ 口を軽く開け、舌を上あごにくっつける。
❷ 鏡を見ながら、舌の左右どちらかが下がっていないかチェック。
❸ 鏡で見たときに、「舌の見た目が水平でない場合」は、舌の力の左右バランスが崩れている可能性があります。

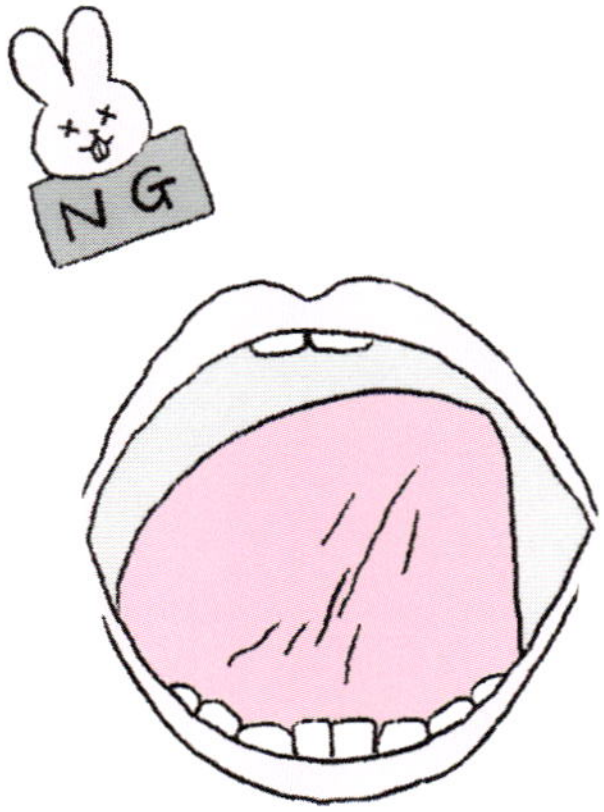

❷ スプーンで舌の力チェック

スプーンを使った簡単なテストで、舌の力を確認できます。

❶ 金属製のスプーンを用意します。

❷ 舌をつき出し、スプーンを押し当てます。舌にぐっと押しつけるのではなく軽く押し当てる程度でOK。

❸ 舌でスプーンを持ち上げます（スプーンの内側の深い所を舌の先で押すイメージです）。

スプーンがすぐに下がる場合、舌の力が弱くなり、下がっている可能性があります。

③ 歯型チェック

舌が下がっていると、歯に舌が押しつけられ、先端に歯型がつくことがあります。鏡を見て、舌の周囲にギザギザの歯型がついていないか確認してみましょう。

なお、歯型がついている場合、体のむくみが舌に影響していることも考えられます。「全身のむくみのせいかも」と思ったら、ほかの方法でセルフチェックしてみましょう。

❹ 舌回し

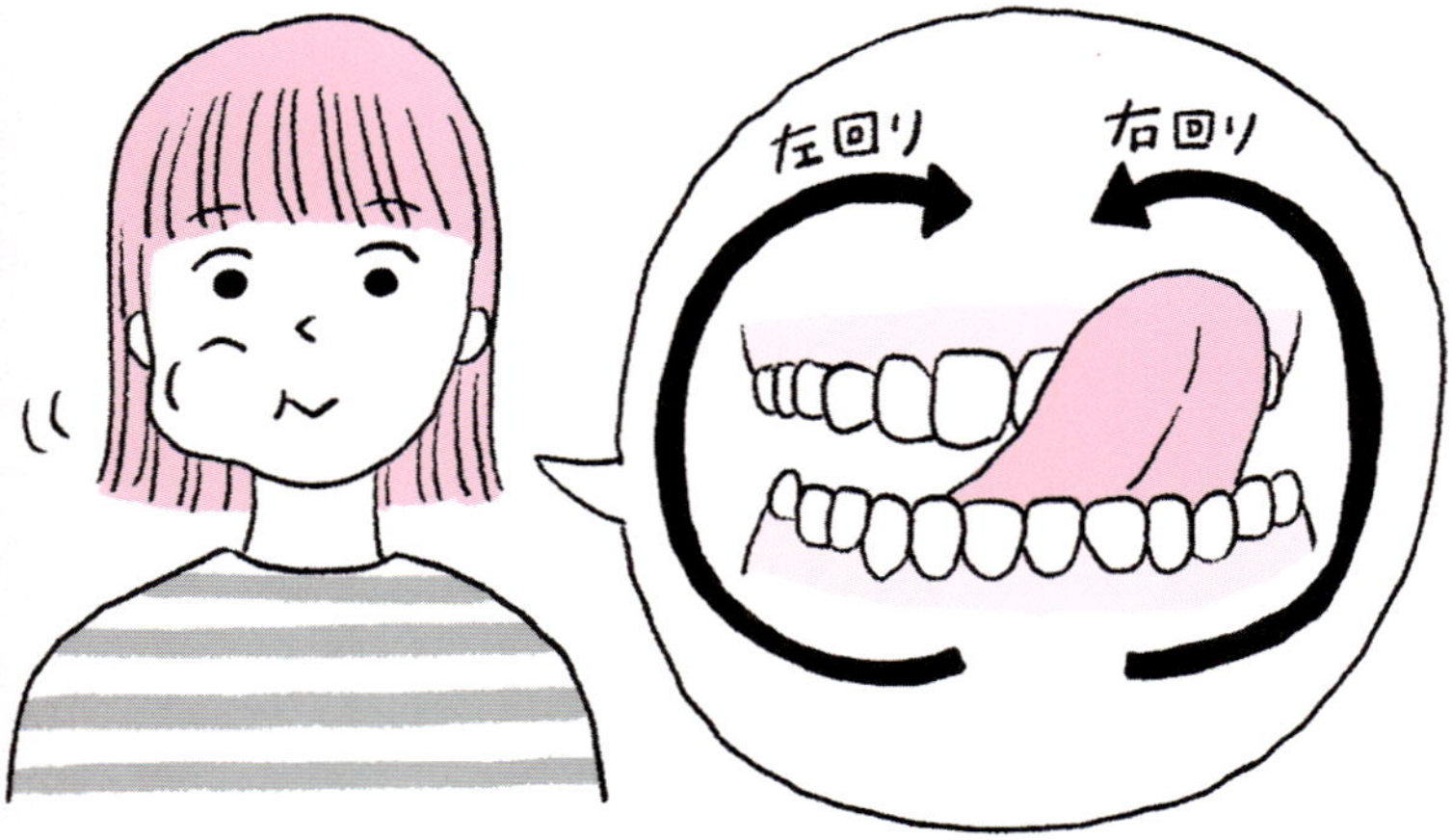

❶口を閉じたまま、舌を歯茎に沿ってぐるりとまわす。

❷５秒間に８回まわす（右まわり、左まわりの両方）。

途中で疲れたり、まわせなくなったりしたら、舌の力が落ちている可能性が高いです。

本書「3分の舌習慣」を1週間続けた後にもセルフチェック

「3分の舌習慣」を1週間続けたら、確認してみましょう

❶ 舌を「スポット」にくっつける。
❷ その状態で舌の位置を指で軽く触る。
❸ 舌が高い位置にある感覚がつかめたら、改善している証拠です。

また次のポイントが改善していたら、舌の位置がよくなっているサインです。

▼ **肩こりが楽になった**
▼ **姿勢がよくなった**
▼ **口が開け閉めしやすくなった**

まずは1週間、自分の舌の位置に意識を向けてみましょう。次の2章からは、舌の位置を正常化させる方法をご紹介していきます。

COLUMN 1

シワ＆たるみを悪化させるやっかいもの

シワとたるみができやすい場所

眉間

舌が正しい位置にないと顔の筋肉のバランスが崩れ、筋肉が緊張し、シワが発生。

おでこ

舌が下がると、口まわりやそれとつながる後頭部やおでこに影響が及びシワとたるみが発生。

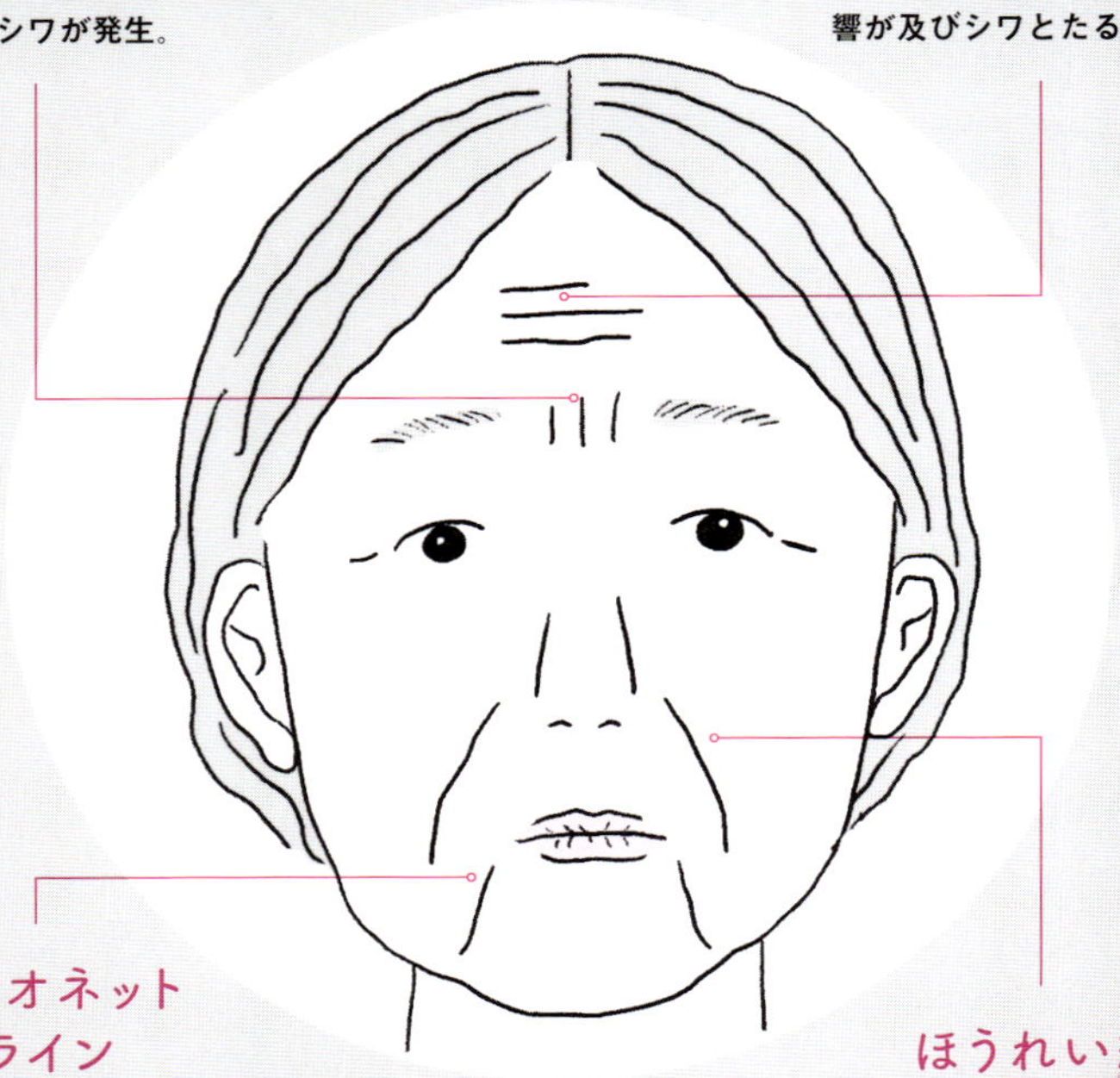

マリオネットライン

舌の位置が低いと口角を引き上げる筋肉が硬直、皮膚が下がり、操り人形のような縦のシワが発生。

ほうれい線

舌が下がると口まわりの筋肉がゆるんで血流も悪化、たるみやほうれい線ができる。

原因は多いけれど
舌の改善が一番の近道

加齢によってコラーゲンやエラスチンが減るにつれ、水風船の水が抜けるように肌がしぼんで、シワが寄りやすくなっていきます。また、長時間のスマホやパソコン作業による下向き姿勢は、血流やリンパの流れを滞らせ、肌のくすみやむくみを引き起こします。睡眠不足も肌の回復力を低下させ、シワやたるみが進行しやすくなります。無意識の表情のクセやストレスによる食いしばりも、シワを深める要因のひとつです。またよく知られているように、紫外線の蓄積ダメージの大きさも見逃せません。さらに乾燥した室内環境や冷暖房による肌の水分蒸発も、表皮のバリア機能を低下させてしまいます。

そんな理由がいくつも重なって、気づけば顔が落ち、シワがくっきり……。

これらの問題を改善するカギとなるのが、「舌の位置」です。舌が正しい位置に保たれると、滞りがちな血流やリンパの流れが改善され、肌の回復力もアップ。シワやたるみの進行が抑えられます。歯の食いしばりも解消され、よい睡眠がとれるようになります。睡眠の質が改善すれば肌の回復力もぐんと高まります。

本書でお伝えする「舌を正しい位置へ戻すためのレッスン」で若々しい顔を取り戻しましょう。

PART 2

舌を正しい位置に戻す　3分の舌習慣

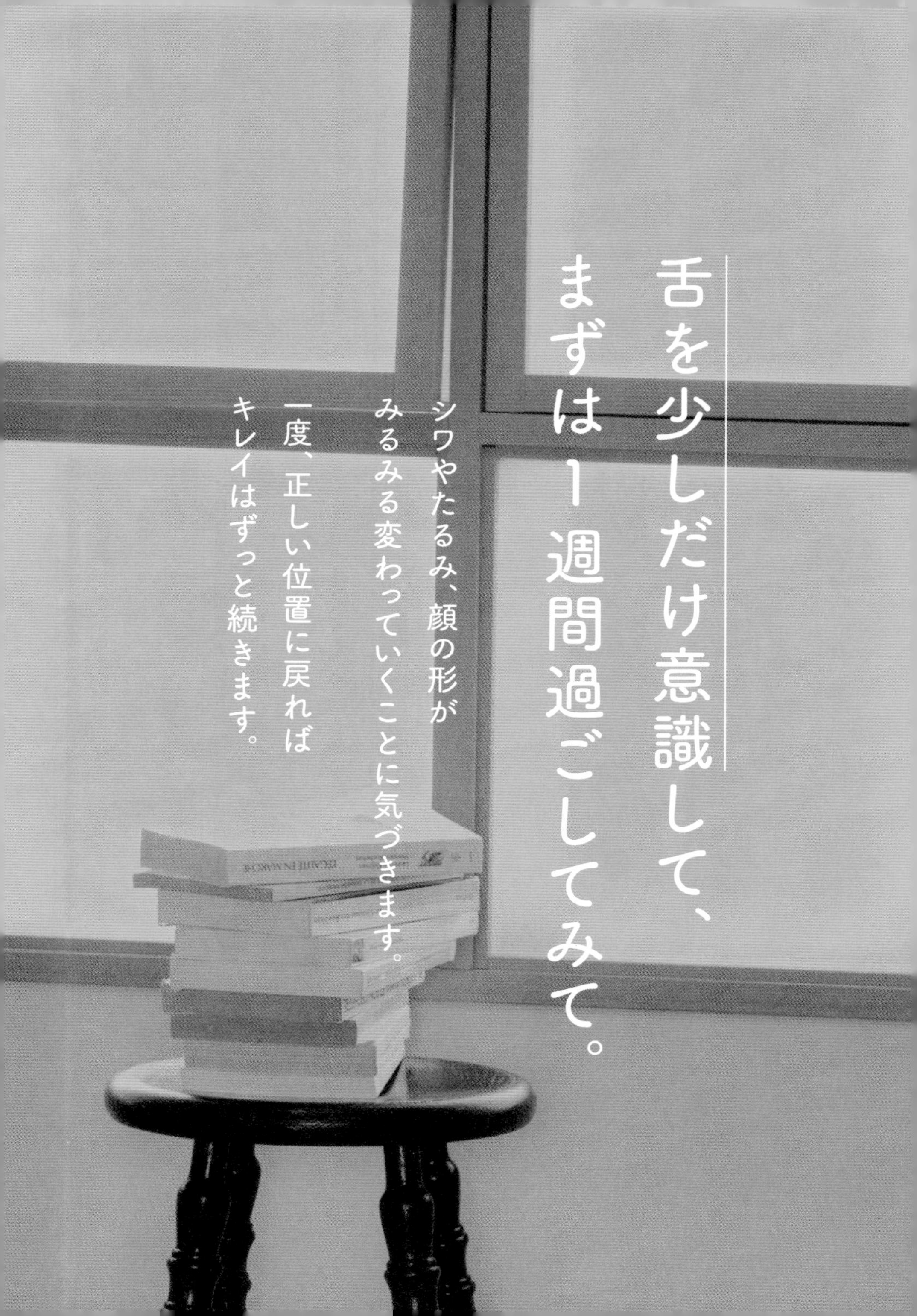

舌を少しだけ意識して、まずは1週間過ごしてみて。

シワやたるみ、顔の形が
みるみる変わっていくことに気づきます。

一度、正しい位置に戻れば
キレイはずっと続きます。

1日3分、
まずは1週間やってみましょう！

毎日

3分の舌習慣

舌鳴らし&舌くっつけ 1

舌全体を使って、
筋肉を刺激していきます。
舌に正しい位置を
理解してもらいましょう。

P.56

舌出し 2

舌を支えている舌骨上筋群を鍛えます。
舌に自分は筋肉であることを
思い出してもらいましょう。

P.60

3
舌の深層筋はがし

のどや首といった、舌の根元に
つながる部位を刺激していきます。
舌の根元の筋肉から
しっかり目覚めてもらいましょう。

P.68

attention

こんな人は行えません!

熱のある人
風邪をひいている人
悪性腫瘍のある人

※基本的に健康な人が行うものですので、体調が悪かったり、途中で気分が悪くなったら中止してください。不安な人は医師へ相談してから行うようにしてください。

舌習慣 1

Tongue Habits

舌鳴らし&舌くっつけで舌に正しい場所を覚えさせる!

この章では「**舌習慣**」と「**舌意識**」という2本の柱で、手軽にできるトレーニングをお伝えしていきます。

舌とはそもそも、「自動的に動く部分」と「意識的に動かせる部分」の中間にある不思議な器官です。何も考えずに使っていても動きますが、意識すれば正しくコントロールできます。筋肉には「運動記憶」という性質があり、**何度も同じ動作を繰り返すことで、それが体に染みつきます。**たとえば、自転車に一度乗れるようになると、しばらく乗らなくても忘れないのと同じです。**舌も同じように、正しい位置を繰り返し意識することで、自然とそこに収まるようになります。**

舌を支えているのは「舌骨上筋群」と呼ばれる筋肉です。これらの筋肉がしっかり働いていれば、舌は上あごにぴったりとついた正しい位置を保てます。これらの筋肉が弱くなっていたり、間違った使い方が習慣になっていたりすると、舌が下がりやすくなります。しかし適切なトレーニングを行えば、これらの筋肉を活性化させ、正しい舌の位置を取り戻せます。

さらに、**意識的に舌を正しい位置に置く練習を続けることで、脳がその位置を覚え、やがて無意識でも自然にその場所に収まるようになります。**これは「神経可塑性《しんけいかそせい》」と呼ばれる脳の適応能力によるものです。何度も意識して動かすことで、新しい動きのパターンが定着していきます。

驚かれるかもしれませんが、舌のトレーニングはわずか60秒でも効果があります。それは舌を支える筋肉が日常的に使われる部分だからです。これらの筋

STEP 1

舌を上あごに
つきやすくする

舌鳴らし

上あごに舌を
くっつけてから勢いよく離し、
30秒リズムよく舌を鳴らす。

カッ
カッ
30秒

舌全体の筋肉を使う意識で。
できるだけ大きく音を鳴らす
ように動かす。

30秒
キープ

STEP 2

舌を支える筋肉に
力を入れる

舌くっつけ

上あごに舌全体をくっつけ
30秒キープする。

舌を鳴らす直前で止まってい
る感じ。のどの奥に少し力が
入っている状態でキープ。

肉は体の奥にあり、内臓を支える役割も持っているため、一度鍛えられると効果が長続きしやすいのです。短時間でも正しい動きを繰り返せば、筋肉が新しい動きを覚えてくれます。

舌は口の中でもっとも活動的な筋肉の一つで、常に何かに触れ、わずかな圧力をかけ続けています。小さな力でも、毎日積み重ねることで大きな影響を与えます。舌の位置を変えることは、舌だけの問題ではありません。舌の位置が変わると、それに関連する筋肉全体の働きが変わります。あごの動きや呼吸の仕方、首や肩の緊張具合まで影響を受けるのです。これは「筋肉連鎖」と呼ばれる現象で、体の一部の変化が全身に波及することを意味します。

舌の位置を改善するためには、舌を意識的に上あごにつけることが大切です。**舌を上あごにつけて「カッカッ」と鳴らす動作は、舌の筋肉を活性化させるのに役立ちます。**また、**舌を上あごにくっつけたまま維持する練習をすることで、正しい位置が定着しやすくなります。**

舌習慣 2

Tongue Habits

舌出しでコリをほぐして動く筋肉に！

私たちは普段、舌を使って話したり、食べたり、飲み込んだりしていますが、そのほとんどは前に向かう動きばかりです。

首をまっすぐ前に向けて舌を動かすことはあっても、首を横に向けて舌を動かすことはあまりありません。

でも実は、この「普段しない姿勢」こそ、舌の筋肉を効率よく鍛えるためのポイントなのです。

舌というのは、一枚の筋肉ではなくて、さまざまな筋肉が複雑に重なり合っています。その動きは、首やのどの筋肉とも深く関係しています。とくに舌骨上筋群は、舌の位置や動きを支えている大切な筋肉です。

でも、現代の生活習慣では、この筋肉を十分に使うことが少なくなってしまいました。そのため、首やのど、舌のまわりの筋肉が固まって、「コリ」ができやすくなっています。

このようなコリがたまると、舌は自由に動けなくなって怠け舌になります。怠け舌とは、舌が本来ついているべき上あごから離れて、口の中で下がってしまっている状態です。その結果、口元が前に出たり（二重あごや口ゴボなど）、口呼吸になったり、滑舌が悪くなったりします。さらにひどくなると、あごが痛くなったり、頭痛を引き起こしたりする原因にもなるのです。

では、このコリをほぐして、舌を本来の動く筋肉に戻すにはどうすればよいでしょうか。

そのために役立つのが**「横舌出し」と「上舌出し」という、普段あまりやらない舌の動き**です。

舌のコリをほぐし
動きやすくする

STEP 1
横舌出し

首を横に向けたまま、
舌を反対方向へ出して30秒キープする。
反対側も同様に行う。

肩の力を抜き、首を長くする意識で姿勢を正す。猫背になったり首が前に出たりしないよう注意する。

顔を動かさないようにしながら舌はできるだけ遠くへ出す。首、のど、舌のこりかたまった筋肉をほぐしていく。

まず**「横舌出し」とは、首を横に向けて、その反対側へ舌を出す動きです。**例えば、首を右に向けたら舌を左に出す、首を左に向けたら舌を右に出す、という感じです。とても簡単な動きですが、**実はこれが舌骨上筋群をとても効果的に刺激します。**

どうして首を横に向けると効果が高まるのでしょうか。

それは、首を横に向けると片方の筋肉が縮んで、反対側が伸びるからです。このとき、さらに舌を反対に出すことで、伸びている筋肉にもっと刺激を与えることができます。この「二重の刺激」がコリをほぐす大きなポイントになるのです。

また、首を横に向けると、普段使われない角度で舌を動かすことになります。そのため、普段は動いていない筋肉まで動かせるようになり、筋肉全体の血流がよくなってコリが取れやすくなります。

次に**「上舌出し」**です。**顔を少し上に向けて、舌をできるだけ上につき出す動きです。**

この動きは**舌骨上筋群を直接刺激し、とくにあごの下のたるみ**

舌骨上筋群を
活性化する

STEP 2 上舌出し

首を上に向けた姿勢で、
舌を天井に向けて持ち上げ、30秒キープ。

胸、首、舌が連動して上に伸びていくような感覚で、舌をつき出す。舌骨上筋群や、のど、あごの筋肉をすみずみまで刺激する。舌を出し入れするとより効果的。

や二重あご、顔のむくみの改善に役立ちます。上を向くことで、首とのどの筋肉が伸びますが、そこに舌をつき出すことで、さらに深いところの筋肉まで刺激できるのです。

これらの舌出し運動がコリをほぐす理由は、筋肉が伸びたり縮んだりすることで、筋肉をゆるめる信号が脳に送られるからです。また、普段使わない角度から動かすことで筋肉を包む膜がゆるんで、動きやすくなります。さらに、いつもと違う動きによって脳と筋肉の間に新しいつながりが記憶され、動きがより自由になります。

こうして舌のコリがほぐれて、舌が自由に動くようになると、よいことがたくさんあります。

まず見た目としては、顔がスッキリと引き締まり、二重あごが改善されます。さらに、口呼吸が鼻呼吸に変わり、呼吸が楽になります。滑舌がよくなって話しやすくなり、コミュニケーションがスムーズになります。また、舌が正しい位置につくことで歯並びが改善し、あごの痛みや頭痛も減って姿勢までよくなる効果があります。

とくに**「横舌出し」で注目したいのは、舌骨上筋群に効率よく働きかけられることです。普通の舌の動きでは表面の筋肉だけしか使えませんが、首を横に向けると深いところの筋肉まで届くのです。**これは普通のトレーニングでは難しいことで、舌の奥の筋肉までしっかり刺激できるのが大きなメリットです。

「上舌出し」も同じように効果があります。上を向いて舌を出すだけで、普段あまり使われていない舌骨上筋群を強く刺激できます。とくに二重あごやむくみは改善が難しいですが、この動きで内側からアプローチできるのです。

舌出しエクササイズを毎日続けることで、コリがほぐれて舌が自由に動けるようになります。最終的には意識しなくても舌が自然と正しい位置につくようになり、これは舌が動く筋肉に戻った証拠となります。

首の動きと舌の動きを組み合わせるこのシンプルな方法は、舌の健康を取り戻すための近道となります。

舌習慣 3

Tongue Habits

舌の深層筋はがしで怠け舌を目覚めさせよう!

私たちの舌は単独で存在しているわけではありません。舌という目に見える部分は、実はあくまでも「氷山の一角」に過ぎないのです。その下には、のどや首の筋肉と密接につながった複雑な筋肉ネットワークが広がっています。言わば、**首やのどは舌の「根っこ」であり、この根元部分を効率よく刺激することが、舌の機能を根本から改善するカギとなります。**

残念ながら、現代人の多くは舌が落ちています。その理由は、ここまで見てきたように現代の生活習慣と深く関係しています。

スマホやパソコンの使用による前傾姿勢が増えたこと。柔らかい食べ物が増え、咀しゃくの必要性が減少したこと……。

これらの要因により、舌の根元である首やのどの筋肉が十分に使われなくなり、「怠け舌」と化しているのです。

とくに「舌骨上筋群」と呼ばれる筋肉群は、舌の位置を支える重要な役割を担っていますが、この筋肉群が弱ると舌を正しい位置に保つことができなくなります。

興味深いことに、この舌骨上筋群は、のどや首と密接に関連しています。つまり、のどや首へアプローチすることで舌骨上筋群に効果的に働きかけることができるのです。

一見遠回りのように思えるかもしれませんが、**首やのどといった舌の「根っこ」を鍛えることが、実は怠け舌を目覚めさせるもっとも効率的な方法です。**

舌の深層筋をほぐしていく

STEP 1 のど元押し

あごを少しあげ、
のどの上（のどとあごの境目くらいの指が入りやすい所）に
人差し指を当てる。
苦しくない程度に押しながら30秒キープ。

30秒キープ

指でのど元を押さえ、今から刺激する舌骨上筋群をしっかりと意識する。

横から見ると

交互に押しながら指を動かし、のど元全体をマッサージするのも効果的。

舌の深層筋を
伸ばし、はがす

STEP 2 上向き あご出し

両手を交差して鎖骨の下を押さえ、上を向く。
その姿勢のまま、あごをななめ上にさらにつき出す。

30秒
キープ

あご下から首にかけての筋肉のコリをほぐし、舌を根元から動けるようにする。

なぜなら、舌の表面だけを動かしても、その動きを支える深部の筋肉が弱ければ、効果は一時的なものにとどまります。根本から変えるためには、根っこである首やのどの筋肉から活性化させる必要があるのです。

落ち舌の場合、舌の根元にあたる筋肉はとくに動きがにぶく、固まった状態です。

ここに直接刺激を与えてあげることで、深い場所にある細かな筋膜をはがし、しっかり動ける状態にしていきます。

最初は慣れない動きで疲労感があるかもしれませんが、それこそが眠っていた筋肉が目覚めた証拠です。

継続することで、舌は自然と正しい位置をキープするようになり、顔立ちの改善だけでなく、口呼吸や滑舌の改善など、全身の健康にもよい影響を与えるでしょう。さらに舌が根本から動くようになれば、あごやのどの筋肉もさらに活性化し、将来の首のたるみやシワ、嚥下機能低下なども防ぐことができます。

舌は本来、怠け者ではありません。ただ現代社会の中で根本から活用されておらず、本来の力を発揮できていないだけなのです。舌の根っこである首やのどから刺激を与えることで、この眠れる筋肉を目覚めさせ、本来の機能を取り戻しましょう。

毎日ちょこっと

舌意識で一生ものの小顔を手に入れる

「舌意識」とは私が長年の施術経験から生み出した言葉です。日常生活の中で舌の位置を意識する習慣を身につけ正しい位置（上あごに軽く接する状態）を当たり前にすること。この「舌意識」こそが、一生涯にわたって小顔と健康を維持するための究極の習慣なのです。

「舌意識」の最大の魅力は、その驚くべき即効性です。本書の撮影のときも、モデルさんに舌の位置を正しく指導したところ、わずか数分で顔のラインが引き締まり、「え、本当にこんなに変わるんですか!?」と驚かれていました。カメ

舌習慣が定着すれば、
リフトアップ間違いなし！

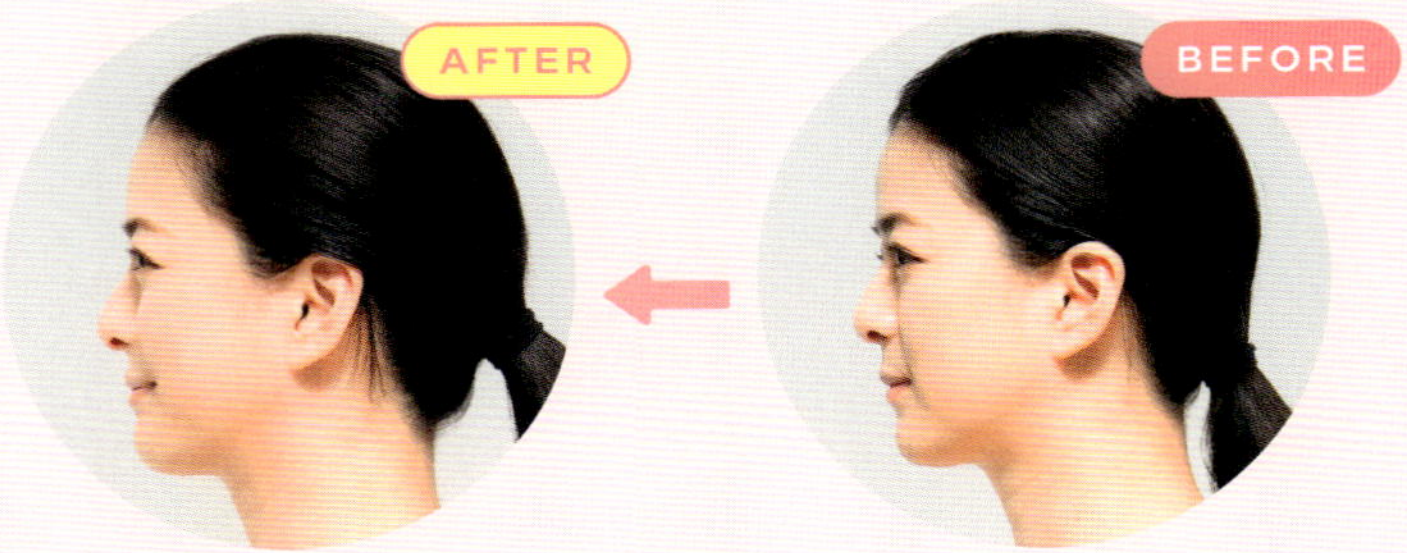

ラマンさんも「写真映りが全然違う」と目を見張っていたほどです。

「でも習慣って、なかなか続かないんですよね……」。そう思いますよね。実際、ダイエットや運動など多くの習慣は挫折しがちです。なぜなら特別な時間や場所、道具が必要で、さらに効果が出るまでに時間がかかるから。でも「舌意識」は違います。これほど続けやすい習慣はほかにないでしょう。歯磨きのように、生活の一部にすることが簡単なのです。

私の患者さんの多くは、最初は違和感を訴えますが、わずか3日も続ければ自然とできるようになり、1週間後には「あれ？　顔がシャープになった気がする！」と喜ばれます。日常的に行うことと連動しているので、習慣化はたやすく、習慣化してしまえば無意識にできるようになるのです。1日も早く「舌意識」を身につけて「若返った？」「顔がスッキリした？」と言われる喜びを体験してください。

毎朝の支度にプラス

朝のお出かけ前に舌を起こして顔を上げる

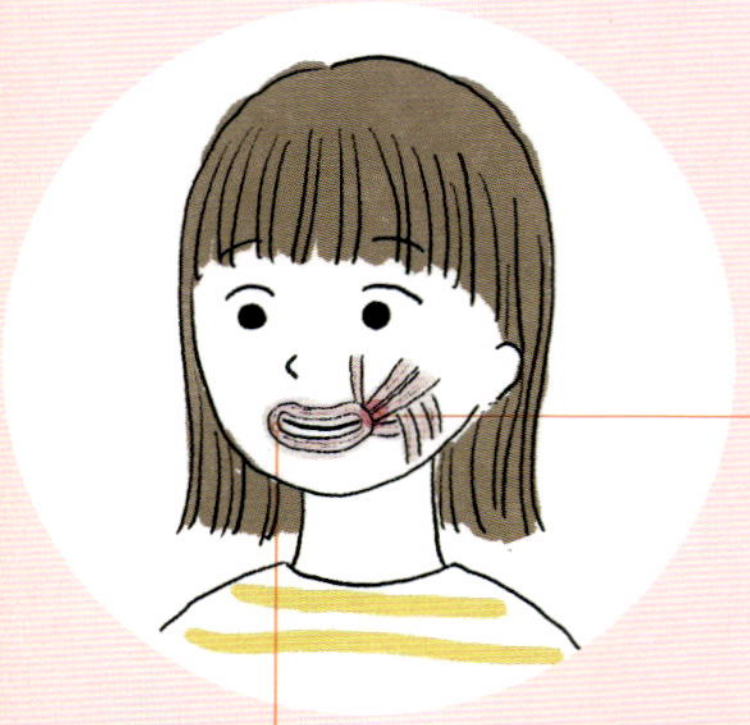
モダイオラス
口輪筋の端、口の筋肉など表情筋が集まる場所。
口輪筋

朝の寝起きは、顔の老化が一番目立つタイミング。寝ている間は体の新陳代謝が行われ、大量の汗をかきます。水分補給が十分でなかったり、前日にお酒を飲んでいたりすると、肌が乾燥しシワが目立ちやすくなります。また、冷えからくる血流不足、睡眠の質が悪い場合は筋肉の疲労も起こり、顔のむくみやたるみの原因となります。

そこでおすすめしたいのが、「モダイオラスストレッチ」。舌の筋肉を活性化し、たるみ、かたまった表情筋をキュッと持ち上げてくれます。

モダイオラス ストレッチ

こんなときに…

朝スキンケアの合間に　トイレの中で　テレビを見ながら

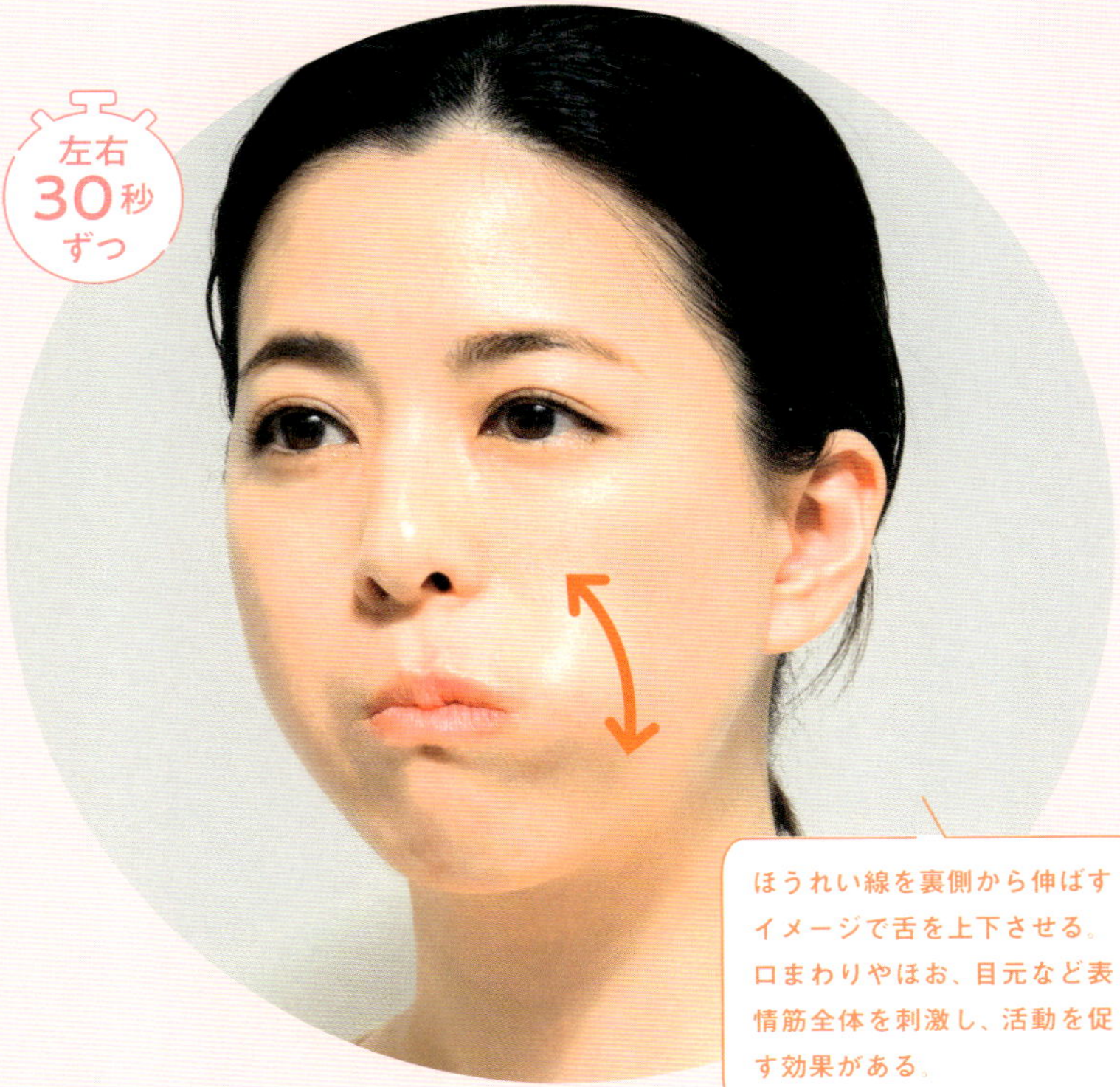

ほうれい線を裏側から伸ばすイメージで舌を上下させる。口まわりやほお、目元など表情筋全体を刺激し、活動を促す効果がある。

舌でほおを内側から押しながら
上下させる。

仕事や家事の休けい中に

昼下がりが一番老け込むタイミング

パソコンや書類に向き合い、長時間のデスクワークをしていると、知らず知らずのうちに舌が下がり、首や肩がこわばります。その結果、顔の筋肉がゆるみ、たるみや二重あごの原因になってしまいます。とはいえ、デスクワークを避けるわけにはいきません。だからこそ、簡単なケアが必要です。

この「あご下ポスポス」は、職場でも電車の中でも自然に行える便利な方法。たった40秒でリフレッシュできます。仕事や家事の合間に習慣化して、スッキリとしたフェイスラインをキープしましょう！

あご下ポスポス

こんなときに…

仕事中に　電車の中で　家事の合間に

40秒

のどを刺激することで、のどまわりの筋肉がほぐれ、舌の可動域が広がる。舌の位置が上がり、二重あごも遠ざけられる。

のどの下（のどとあごの境目くらい）に
両手の人差し指を当て、
左右交互に「1、2、1、2……」と
リズミカルに押す。

無駄にしないで!

お風呂時間は美を育むゴールデンタイム

忙しい毎日の中で、お風呂時間は貴重なリラックスタイム。実はこの時間、美容にとっても最高のゴールデンタイムなのです。温かいお湯につかることで体温が上昇し、血行が促進されます。これにより顔全体の筋肉もほぐれ、舌習慣を行った際の効果が何倍にも高まります。

とくに舌の位置を整え、顔の筋肉バランスを調整する「前歯圧迫」は、効果を実感しやすくなります。お風呂では手を清潔に保ちやすく、洗顔後は舌を直接刺激することができますので、ぜひこの時間を活用してください。

前歯圧迫

こんなときに…

お風呂の中で

30秒

舌の位置が上がり、あご下や首の筋肉にも働きかけられるため顔全体がリフトアップ。

前歯の裏側（骨っぽいところ）に両手の親指を当て、
ななめ上にグッと押し上げる。
30秒圧迫する。

舌マッサージ

こんなときに…

お風呂の中で　眠る前に

舌の血流がよくなり、柔軟性も高まり、舌を正しい位置に維持しやすくなる。

舌を思いきり出し、両手の親指と人差し指で舌をさらに引っ張り出す。

左右
30秒
ずつ
舌の側面、口まわりの筋肉がほぐれ活性化。顔の輪郭が整い口ゴボや二重あごも改善。

舌を思いきり出し、根元を両手の指でつかみ、
左へ動かす。
反対側も同様に行う。

COLUMN 2

舌習慣にプラスして シワ&たるみをさらに撃退

ほお骨を両手で持ち上げてゆらす

ほお骨の下のくぼみをアップ！

疲れてるなと感じたら・・・
老け顔を即効解決！

疲れやストレスは顔に出やすいもの。心や体が元気でないときはトレーニングをお休みしても大丈夫です。そんなときにおすすめしたいのが、この「顔ほぐし」。こりかたまった顔の筋肉を刺激して、下がったほおと口角を引き上げてくれます。方法は簡単。机に両ひじをつき、両手のひらの付け根をほお骨の下のくぼみに当て、顔を下に向けましょう。そのまま手のひらの付け根を使ってほお骨を持ち上げるようにやさしく押し上げほぐします。ひじをつくことができない場合は、中指と人指し指で押し上げてもＯＫ。

このとき、舌が本来の位置である上あごにつくようにしながら行うと相乗効果が得られ、即効性も期待できます。最初はきついと感じるかもしれませんが、慣れてくると自然にできるようになるはずです。舌を意識することで顔全体の筋肉をより効率的に使えるようになり、表情が明るくなる効果も期待できます。

疲れがたまっていてやる気が出ないときや、2章のトレーニングがキツく感じるときにも、この顔ほぐしは手軽に取り入れられます。

最後に、鏡の前で素敵な笑顔を作ってみましょう。若々しい印象が高まり、鏡を見るのが楽しくなりますよ。

PART 3

口内が変わると顔が変わる

顔まわりの悩みなら、
まず舌からアプローチを。

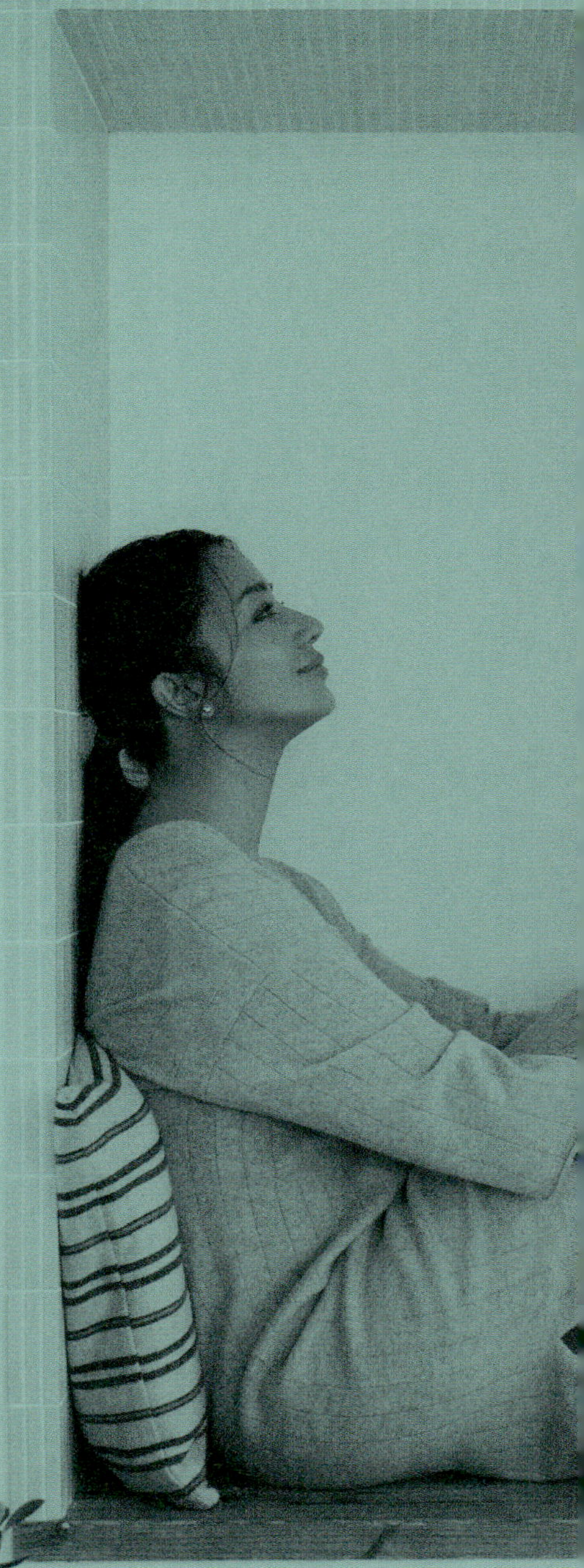

おでこ、鼻、首、目のまわり、顔の輪郭。
若返りの秘訣をお教えします。
道具も準備もテクニックも不要！
今すぐ美への扉を開きましょう。

口の中から
解決
1
Solutions
from the Mouth

たるみが進んだ四角顔をシュッとした逆三角形に！

STEP
1

舌をめいっぱい前に出す

まっすぐ前を向いた姿勢で、舌だけを思いっきり前に伸ばす。地面となるべく平行になるように伸ばす。

30秒

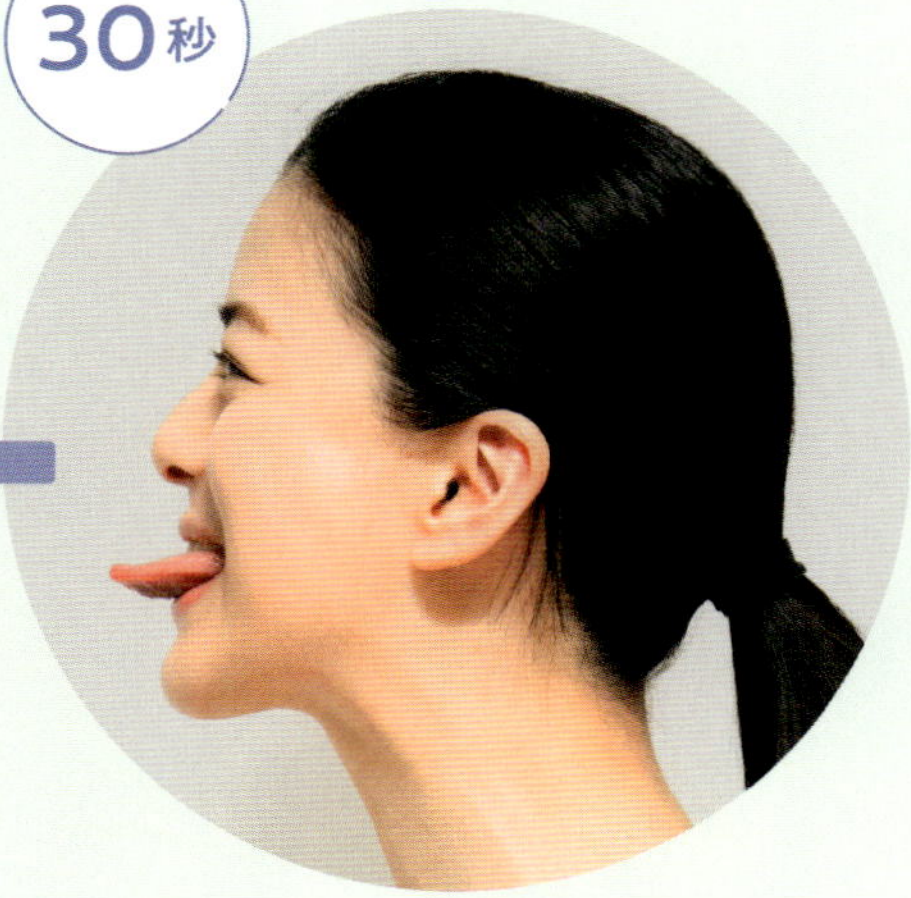

ふだん使っていない舌骨上筋群に刺激を与え、活動を促すことができる。

STEP 2

上に向けて舌を出す

顔は前を向いたまま、舌だけを天井に向けて思いっきり上に伸ばす。首のうしろが伸びる感覚を楽しんで。

30秒

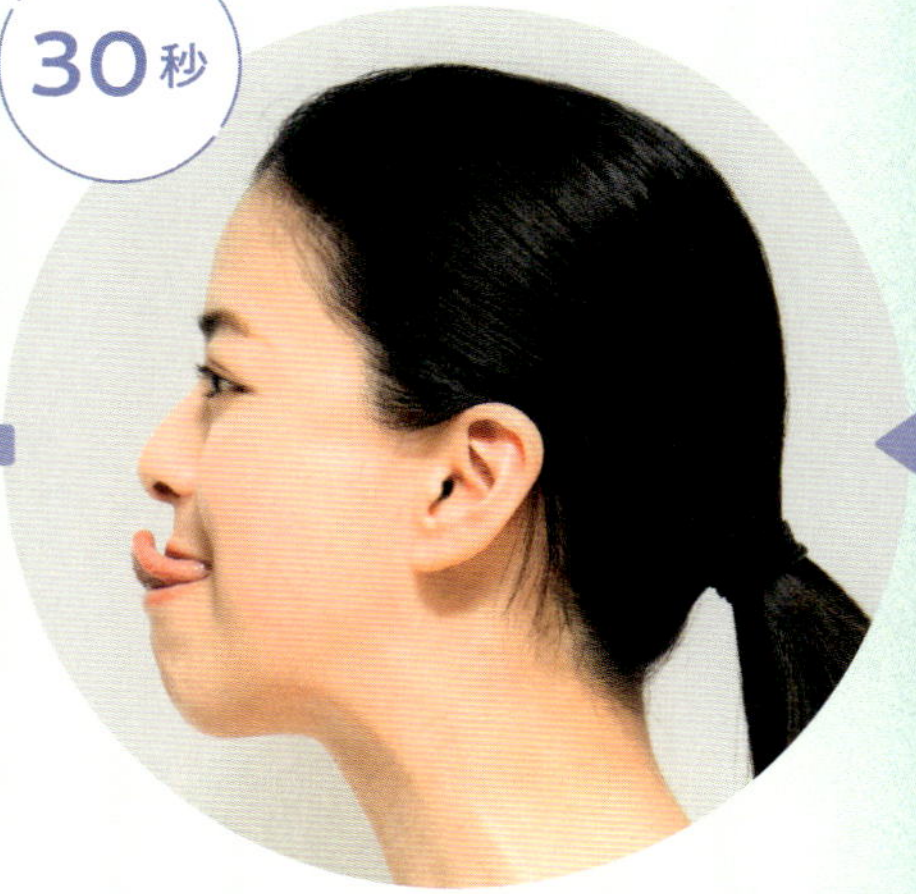

舌を上に向けることで、あご下から首にかけての筋肉を鍛える。

STEP 3

舌をまわす

口を閉じたまま、舌をゆっくりまわす。ほおの内側に舌が触れるくらい大きくまわす。

左右5回ずつ

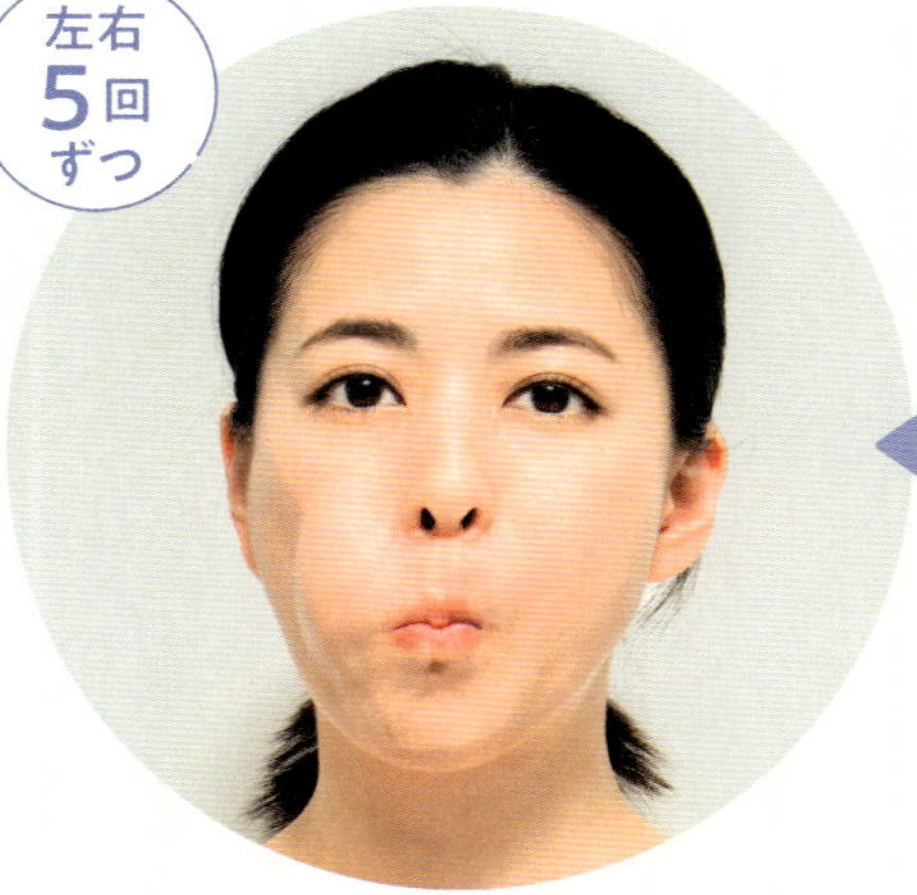

左右両方向にまわすことで、舌骨筋全体をまんべんなく刺激できる。

口の中から
解決
2
Solutions
from the Mouth

増え続けるおでこのシワをつるっとキレイな状態に！

STEP
1

目を大きく見開く

おでこ（前頭筋）には力を入れず、目のまわりの筋肉（眼輪筋）を使って目をあける。

30秒

NG
眉を上げるのはNG。おでこにシワが寄らないよう鏡で確認しながら行う。

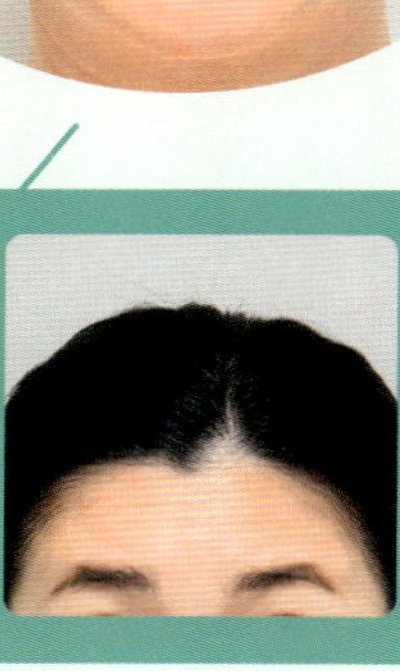

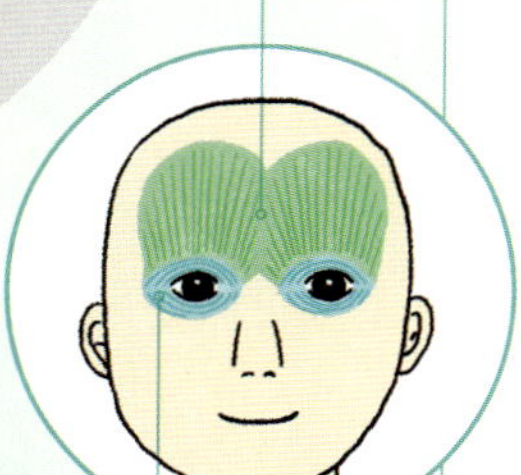

STEP
2

口を大きくあける

口を大きくあけ、前頭筋や表情筋など顔全体の筋肉を動かす。「あー」と声を出すと効果的。

顔の筋肉全体の緊張がほぐれることで血流がよくなり、新陳代謝が促される。

STEP
3

シワを広げる

指をおでこの上下に当て、シワをゆっくりと引き伸ばす。皮膚を傷めないように、指の腹で優しく。

シワを物理的に伸ばすことで皮膚と筋膜をほぐし、筋肉の柔軟性を高める。

口の中から
解決
3
Solutions
from the Mouth

若いころより大きくなった!?
だんご鼻をスッキリさせる

STEP
1

鼻をほぐす

鼻の横に指2本を縦に当て、上下に小刻みに動かす。「気持ちいい」と感じる強さで行う。

30秒

鼻の筋肉の緊張をゆるめながら老廃物を排出し、むくみを取り除く効果がある。

STEP
2

鼻から鎖骨を指でなぞる

鼻筋の中腹から下へ、指を密着させたままゆっくりすべらせる。口まわり、唇の下、あご下、鎖骨へ。すべりが悪い場合は少量のオイルや乳液を使う。

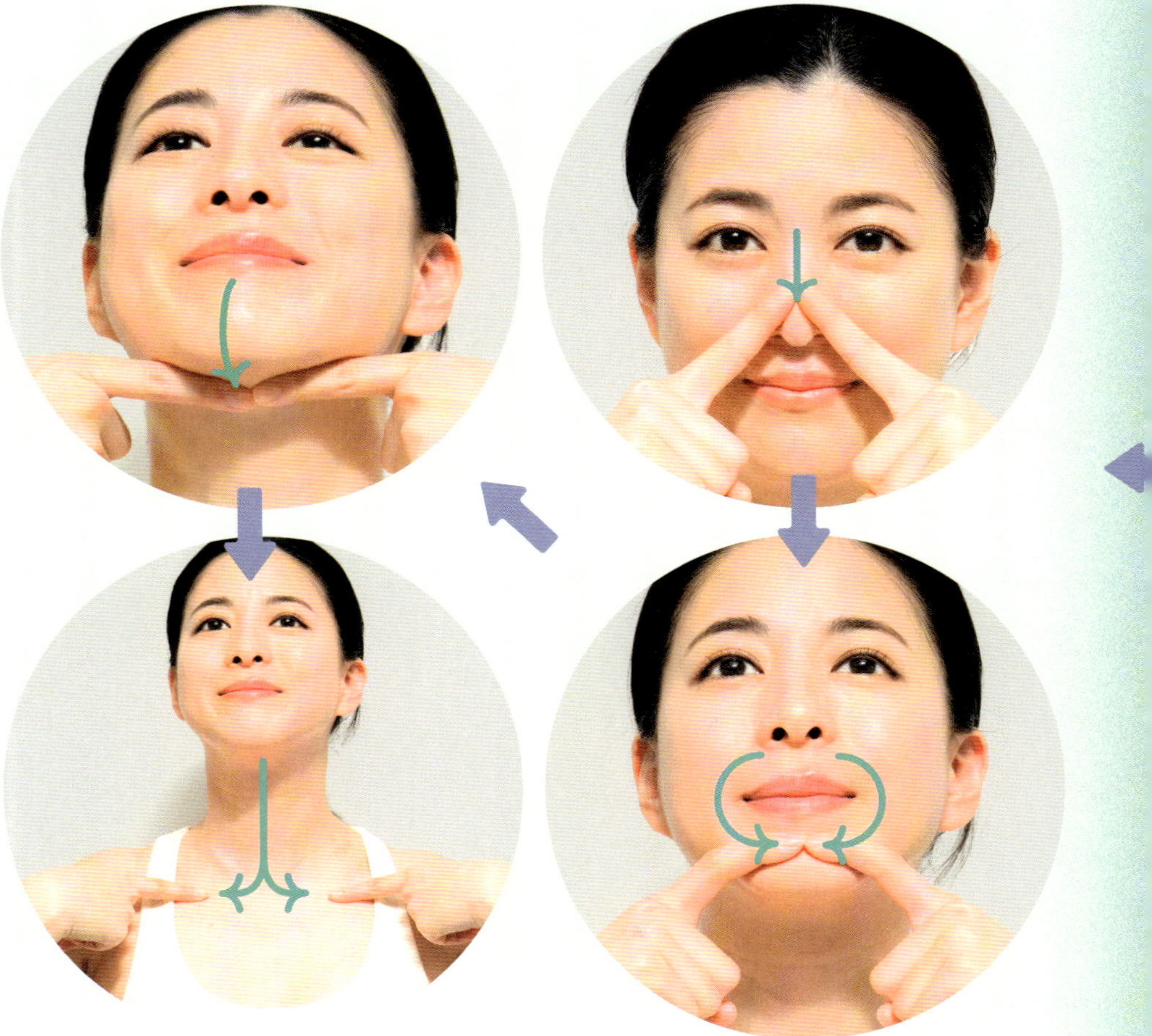

口の中から
解決
4
Solutions
from the Mouth

年齢を感じさせる首のシワをスッキリ伸ばす

STEP
1

胸の前を押す

こぶしで胸の前面（鎖骨の下）を縦横にゴリゴリとマッサージ。「硬さを取ること」をイメージしながら。

30秒

首とつながる胸の筋膜をほぐす。首のシワの改善には必須のステップ。

STEP 2

首の前が伸びるように

両手を交差して鎖骨の下を押さえながら、できる限り上を向いて、首を伸ばす。あごは前に突き出す。

横から見ると

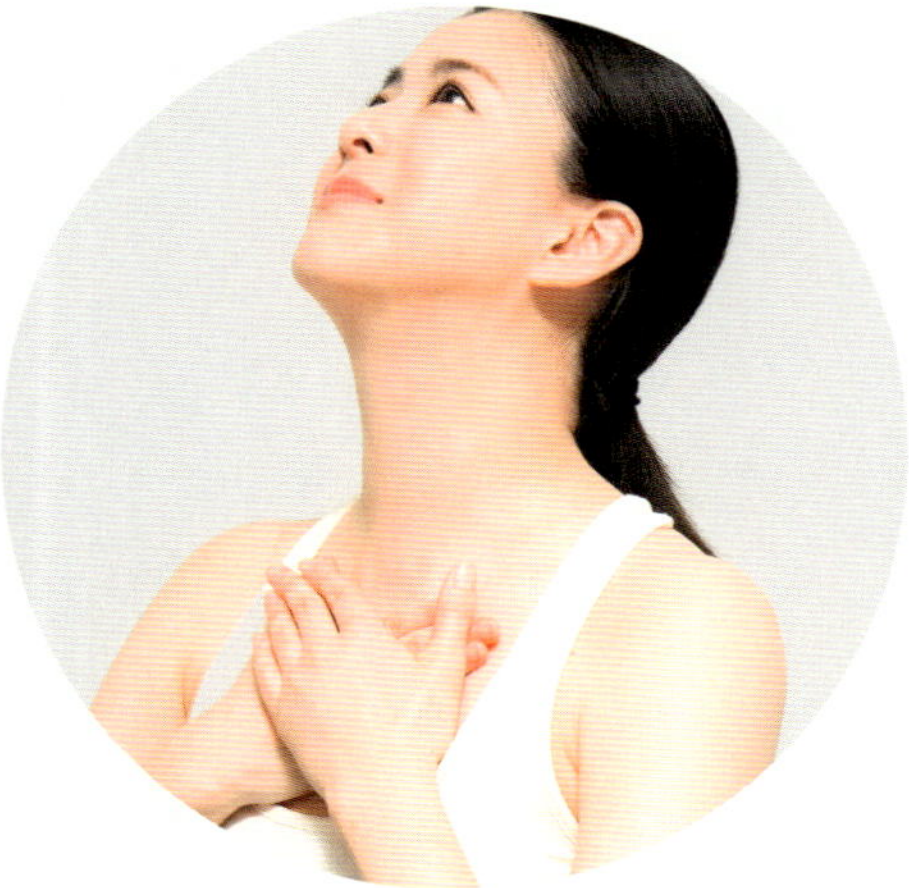

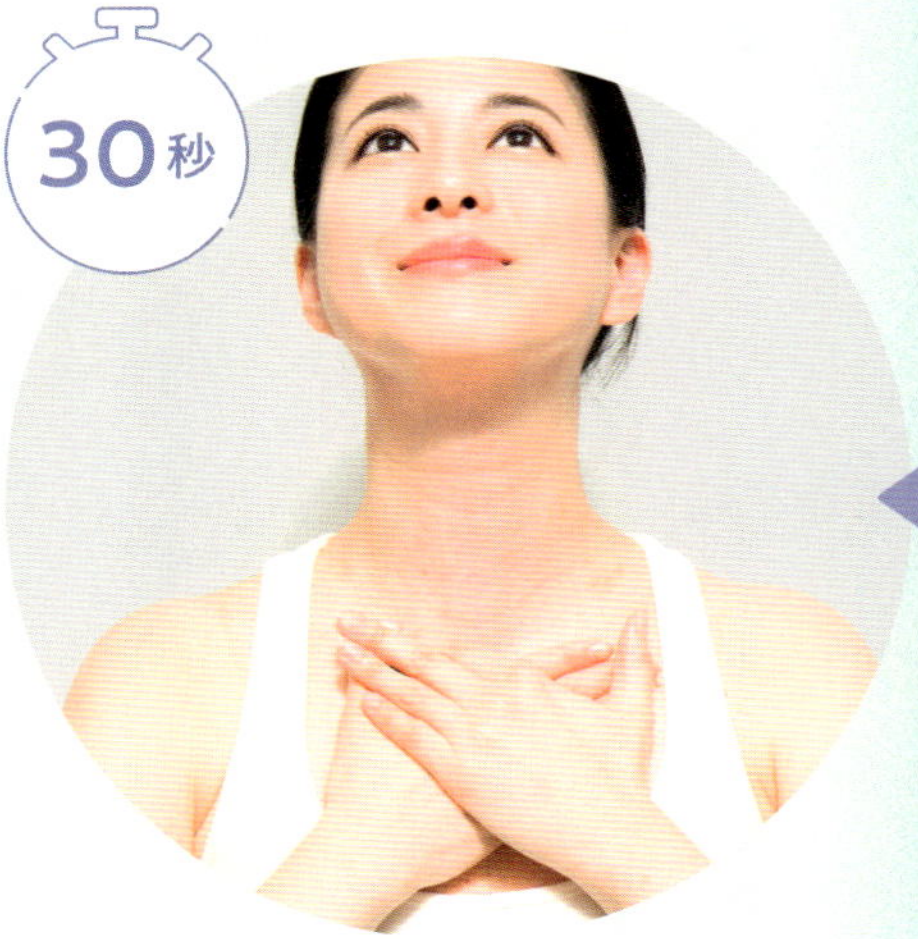

胸に次いで、首の筋膜をほぐす。シワの原因となる緊張を解放する。

口の中から
解決
5
Solutions
from the Mouth

小ジワの増えやすい目まわりに張りを与える

STEP
1

口を左右に動かす

口を閉じ、口まわりの筋肉だけを使う意識で唇を大きく左右に動かす。ほおや眉、目元には力を入れない。

目元の筋肉と連動する口まわりの筋肉を動かし、「目のまわりの眼輪筋」に働きかける。

10回

NG
目元にシワが寄らないように！

STEP 2

目の上をゆらす

指2本で眉頭をつまみ、上に細かくゆらす。すべる場合はティッシュをはさむ。

STEP 3

目の上を引っ張る

目尻の上を指2本でつまみ、ななめ上に持ち上げて引っ張る。痛気持ちいい強さで。

左右10秒ずつ

眼輪筋の上部

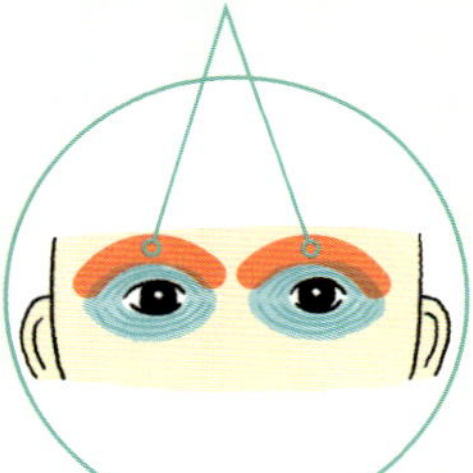

目の上の眼輪筋を活性化させ、過剰に頑張りがちな目の下の眼輪筋との不均衡を解消する。目のまわりのたるみやシワが改善。

PART 4

舌の位置が変われば体も変わる！

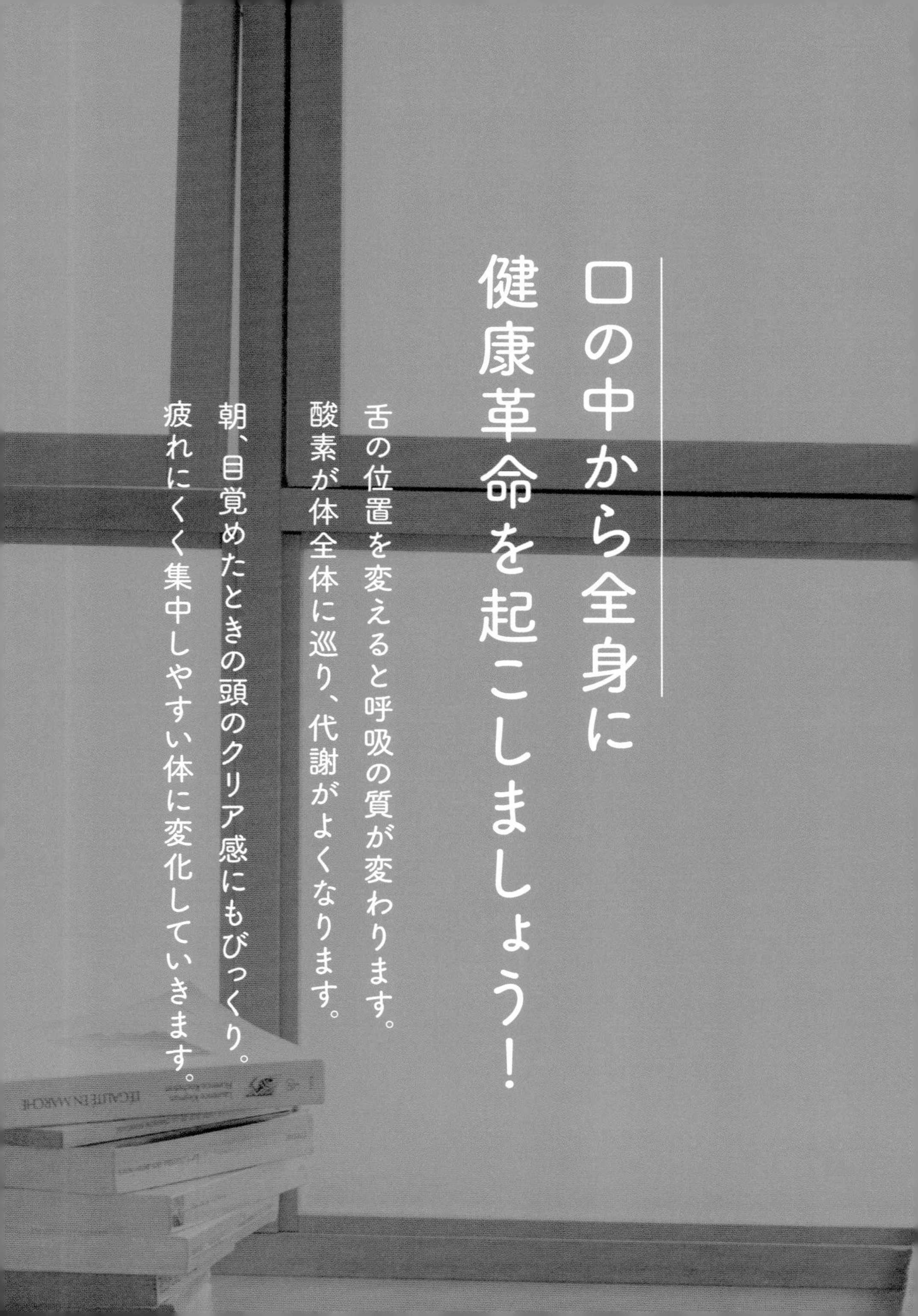

口の中から全身に健康革命を起こしましょう！

舌の位置を変えると呼吸の質が変わります。
酸素が体全体に巡り、代謝がよくなります。

朝、目覚めたときの頭のクリア感にもびっくり。
疲れにくく集中しやすい体に変化していきます。

舌の位置を正せば睡眠の質が驚くほどアップ！

舌を含めた〝口〟は、命の入り口にもなれば、病の入り口にもなります。その分かれ道を決めるのは、私たちのちょっとした意識。これまでの章で、舌の位置がシワやたるみなどのフェイスラインに影響することを学びました。ここでは、体への影響を詳しく説明します。

「最近、ぐっすり眠れない」「朝から疲れている」、そんな悩みはありませんか？**ストレスや年齢のせいと思いがちですが、実は舌の位置が関係しています。**

人間の体は、眠るときに「休憩モード」に入ります。でも、舌が正しい位置にないと気道が狭くなり、呼吸がスムーズにできません。すると脳が「何かおかしいぞ」と警戒して、交感神経（体を緊張させる神経）が働きっぱなしに。体が休まらず、眠りが浅くなり、何度も目が覚めたり、朝スッキリしなかったりするのです。

でも大丈夫。**舌の位置を整えることで、気道が広がり、呼吸がスムーズに。**酸素がしっかり取り込めるようになると、脳も「安心していいんだな」とリラックスし、交感神経のスイッチが切れて、副交感神経（体を休める神経）が優位になります。これだけで、ぐっすり眠れるようになるのです。

さらに、**舌の位置が正しくなると、体温調節もしやすくなります。**眠りに入るとき、人は体の深部の熱を逃がして温度を下げますが、舌の位置が悪いと呼吸が乱れ、熱がこもりやすくなります。「寝苦しい」「暑くて目が覚める」が解消されます

このように、**舌の位置を正すだけで、驚くほど快眠できるようになります。**朝の目覚めがスッキリし、血流もよくなって疲れも取れやすくなる。日中の集中力も上がり、「なんだか調子がいい!」と感じるはずです。

正しい呼吸がキレイも元気も連れてくる

前で見た「**睡眠の質アップ」のカギを握るのが〝呼吸〟です。**舌の位置が整うと、寝ている間の呼吸が深まり、体がたっぷり酸素を取り込めるようになります。気持ちよくスーッと息ができると、体がぐんぐん元気になっていくのを感じるはず。

これは、細いストローから太いストローに変えるようなもの。今まで「チューッ」と力を入れないと吸えなかった酸素が、スムーズに体に流れ込む感覚です。そのおかげで、なんと代謝もアップ！　細胞の中にあるエネルギーを作り出すミトコンドリアが活発になり、体が燃焼モードに。エンジンが勢いよく回るように、余分な脂肪もスムーズに燃えやすくなります。

「食事を減らしても痩せにくい」「運動してるのに体重が変わらない」、そんな人は、**呼吸が浅くなって代謝が落ちているのかもしれません。**

また酸素は血液に乗って全身を巡り、免疫細胞にもエネルギーを届けます。風邪をひきにくくなったり、季節の変わり目でも体調を崩しにくくなったりするのです。

呼吸の深さは、声にも影響します。アナウンサーや歌手が「呼吸」を大事にするのは、息の流れが安定すると、声もよく響くから。舌の位置が整うと、自然と呼吸が深くなり、声がスムーズに出るようになります。長時間話してものどに負担がかかりにくくなるので、会話が多い人にもうれしい変化です。

正しい呼吸で酸素がしっかり脳に行き渡ると、なんとなくぼんやりしていた頭がクリアになり、やる気まで湧いてくるから不思議です。

正しい呼吸ができるようになると、**口元や首筋がスッキリ整い、顔の印象が軽くなります。代謝アップの影響でフェイスラインもシャープになり笑顔が若々しくなります。**

口臭を根本から解決！唾液と舌の意外な関係

舌の位置を整えると、口の中の環境が、自動的に改善されます。

たとえば、口臭までスッキリしてくるんです。

口臭の原因といえば、ニンニクやコーヒー、歯磨きをサボったことなどを思い浮かべるかもしれません。でも、意外にも「舌の位置」が口臭に大きく影響しています。舌が正しい位置にないと、口の中が乾燥しやすくなり、悪臭のもととなる細菌が大繁殖。この状態が続くと、どんなに歯磨きを頑張っても、なかなか口臭は消えてくれません。

唾液には、細菌を洗い流し、口臭を防ぐ働きがあります。でも、舌の位置が悪いと、唾液を作る「顎下腺《がっかせん》」や「舌下腺《ぜっかせん》」がうまく刺激されず、分泌が減ってしまいます。その結果、口を閉じていても口の中が乾き、細菌が増殖。

マスクを外したとき、自分の口のニオイにギョッとしたことはないですか?

それ、舌の位置も関係しているんです。

舌の位置が悪いと、舌を動かす筋肉がサボりがちに。すると舌の動きも鈍くなり「舌苔《ぜったい》」と呼ばれる白い汚れがたまりやすくなります。これは食べかすや細菌が絡み合ってできるもので、口臭の原因に。舌が正しい位置にあれば、普段の会話や食事で自然と動くため、舌苔がつきにくくなるんです。

また**舌の位置が悪いと口呼吸になりがちです。**口呼吸をしていると口の中の湿度が下がり、細菌が元気になってしまいます。乾燥は口臭の温床です。

逆に、舌が正しい位置にあれば、自然と鼻呼吸になり、口の中が適度に潤い、細菌の増殖を抑えられます。**舌の位置を整えれば、唾液がしっかり分泌され、舌の動きも活発になり、口内が清潔に保たれます。**その結果、朝起きたときのねばつきや、不快な口臭も軽減します。

口臭が気になる人は、まずは舌の位置を見直してみてください。

歯並びを整えるカギは「舌の位置」にあった

「舌の位置」は**歯並びにも大きく関係しています。**

舌の位置が正しいと、自然と鼻呼吸になり、口の中の潤いが保たれます。すると唾液が十分に分泌され、歯周病や歯茎の炎症が起こりにくくなるため、歯を支える骨、歯槽骨《しそうこつ》が細菌から守られて健康な状態に保たれます。

その結果、歯が安定して動きにくくなり、**歯並びも乱れにくくなります。**

舌が正しい位置にあるときは、舌の中央部分は上あごにぴったり吸いつくようになっています。

この位置を保っていると、舌は自然と上あごに向かって軽い力を加え続けるため、上あごが広く、きれいなアーチ状に整いやすくなるのです。

逆に舌の位置が下がっていると、上あごへの適度な刺激が不足し、あごの発達が不十分になります。すると、歯が並ぶスペースが狭くなり、歯並びが乱れやすくなってしまいます。

とくに子どもの頃から舌の位置が下がっていると、成長とともに歯並びが悪くなる傾向があるので、要注意です。

また舌の位置が悪いと「舌癖《ぜつへき》」と呼ばれるクセがつきやすくなります。このクセがあると、舌が前歯を常に押し続けてしまい、歯が徐々に前へ前へと動いてしまうのです。

その結果、上下の歯が噛み合わなくなり、前歯が動いてしまう「開咬《かいこう》」になる可能性があります。

でも、舌の位置が正しくなると、こうした悪いクセが自然と減っていきます。さらに、舌をしっかり動かすことで、口まわりの筋肉も鍛えられ、フェイスラインが引き締まる効果も期待できます。

歯並びをきれいにするには、舌の位置を意識することが大切なのです。

舌の位置を整えると食いしばり&いびきも解消

舌の位置が悪いと、寝ている間の食いしばりやいびきにもつながります。

朝起きたときにあごが痛い、なんとなく疲れが抜けない。それは、無意識のうちに歯を強く噛みしめたり、気道が狭くなっていびきをかいているせいかもしれません。

食いしばりの原因はストレスや噛み合わせの問題とされていますが、舌の位置も影響します。とくに就寝時、舌が正しい位置にないとあごのバランスが崩れ、歯を強く噛みしめやすくなります。舌が正しい位置にあれば、あごや歯にかかる力が分散され、無駄に力が入ることがなくなります。逆に舌が下がると、あこの筋肉が不安定になり、無意識に過剰な力がかかるのです。

また、**舌の位置が悪いと口呼吸になりやすく、**口の中が乾燥してあごまわりの緊張を招きます。鼻呼吸がスムーズになると口が閉じ、あごの筋肉もリラックス。結果として、食いしばりが軽減されます。

いびきも舌の位置と関係しています。寝ている間に舌がのどの奥に落ち込むと、気道が狭まり、スムーズに呼吸ができなくなります。その結果、いびきが発生し、睡眠の質が低下。**ひどい場合には睡眠時無呼吸症候群につながる**ことも……。ですから、舌を正しい位置にキープすることが大切。舌が上あごについていれば気道が広がり、呼吸が楽になり、いびきを抑えられます。鼻呼吸もしやすくなり、歯ぎしりも軽減。睡眠の質が向上し、無意識の食いしばりも減っていきます。

このように舌の位置を整えることで呼吸が深まり、食いしばりやいびきが減り、スッキリ感が生まれます。口臭や歯並びも気にならなくなり、あごの負担も軽くなるはず。毎日の小さな意識が、美しさと健やかさをつくります。

舌習慣とシワ＆たるみケアのQ&A

Q.1

マッサージは強い力でやったほうが効果が出ますか？

A 無理にグイグイ押す必要はなく肌をいたわる気持ちが大切

強く押すほど効果が上がるわけではありません。むしろ力みすぎると肌を傷めたり、筋肉に余計な緊張が生まれがちです。心地よい程度の圧で、筋肉をほぐす感覚をつかめれば、少しの力でも効果は十分です。

Q.2

同じ日に何度もやってよいですか？

A 痛みや違和感を覚えるほどの連続はおすすめしません

同じ日に何度行っても構いませんが、顔の皮膚や筋肉には回復の時間も必要です。何度かに分けて行い、終わったあとは軽くほぐす程度にとどめましょう。無理せず、心地よいペースを保つのがポイントです。

Q.3

ニキビがあるときはやめたほうがいいですか？

A ニキビがあるときはやめておきましょう

ニキビができているということは、肌が敏感な状態です。なるべく肌に刺激を与えないほうがよいのでやめておきましょう。赤みがあったり、化膿しているようなら皮膚科を受診するようにしましょう。

Q.4

肌摩擦が気になりますがやっていい？

A 痛みや赤みが増すようなら中断を

本書の方法は、肌を強くこする動きがメインではありません。舌やあごを中心に動かすため、肌に負担なく、比較的安心して行えます。ただし、肌の状態は人それぞれなので不安があるときは休みをはさんでください。いたわりながらの継続がベストです。

Q.5

歯科矯正中ですがやってもいいですか？

A 矯正器具の違和感が大きい場合はかかりつけの歯科医に相談を

歯科矯正中でも、基本的には問題なく取り組めます。ただし装置が当たる部分に強い刺激を与えると、痛みや傷ができやすいので要注意。一部の動きを控えても、十分に効果は得られます。

Q.6

トレーニングで一度顔が上がっても下がることもある？

A 気づいたら再び行うとすぐにリフトアップ

普段の姿勢が悪かったり舌の正しい位置を忘れると、また顔が下がることはあります。でも大丈夫。大切なのは定期的な意識づけ。とくに舌の位置は習慣化するまでこまめに気をつけると、安定した小顔を保ちやすくなります。

Q.7

顎関節症があるのですがやっても大丈夫ですか？

A 痛みや違和感があれば一旦中止しましょう

顎関節症の方は、急に大きく口をあける動きや強い負荷のある運動は控えましょう。本書で紹介するのは、舌やあごをやさしく動かすトレーニングが中心なので、無理なく行えば問題ない場合が多いです。

Q.8

口内炎で痛いときに、やっていい？

A まずは口内炎の回復を優先してケアしましょう

口内炎がある間は、痛い部分を避けるか、思い切って数日休むのも一つの手です。無理に動かすと治りが遅れることもあります。2～3日ほどで痛みのピークは過ぎる場合が多いので、徐々に再開するとよいでしょう。

Q.9

ほかにも期待できる効果はある？

A 美容だけでなく健康面の老化防止にも！

嚥下力がアップし、誤嚥防止に効果的。また、呼吸が整い脳への酸素供給も増え、認知症予防への一助になる可能性もあります。本書で紹介したケアは美容だけでなく、未来のあなたを健やかに導くカギとなります。

おわりに

ここまで読んでくださったあなたに、心から感謝します。

「舌の位置が顔のたるみや姿勢、さらには口ゴボまでも改善するなんて、正直思いもよらなかった」という方もいらっしゃるかもしれません。実は私自身、かつてはあごのたるみ、だんご鼻、横顔にコンプレックスを抱えていたりと、悩みの種は尽きませんでした。でも、美容整体で多くの方をケアしていくなかで「舌の位置がポイントなのでは？」と思うようになり、自分の身体を〝実験台〟として試してみたのです。

結果は想像以上でした。あごまわりがスッキリし、口元の突出感も改善。さらに目元までパッチリして、まるで顔全体が引き上がったかのよう。呼吸が鼻中心になったおかげなのか、風邪もひきにくくなりました。

私が変わっていく様子を動画で配信したところ、「本当に同じ人!?」と驚く声をいただくほど大きな変化だったんです。

とはいえ、「ただ知っているだけ」では、現実は動きません。何よりも大切なのは、あなた自身が「ちょっとやってみる」こと。最初は難しく感じるかもしれませんが、少しずつ習慣になっていきます。忙しくて忘れたら、思い出したその瞬間からまた始めれば大丈夫。小さな積み重ねが、未来の大きな変化を生む、私自身の体験がその何よりの証拠です。

明日から、いや、今この瞬間からでもかまいません。舌の位置を意識してみてください。そのわずかな行動があなたのフェイスラインはもちろん、健康や心まで変えてくれるはずです。「小さな習慣が未来を変える」。これこそが、私が本書を通じて一番伝えたかったメッセージです。

美容整体師
内山友吾

著者

内山友吾（うちやま・ゆうご）

数々の芸能人が訪れる美容整体サロン「プラスフィール」を30店舗経営。自身が若返りセルフケアを発信しているSNSは総フォロワー数150万人にのぼる。さらにTVへの出演や著書の出版などメディアからも大注目の美容整体師。YouTubeチャンネル『美容整体のうちやま先生。』（@biyouseitai-uchiyama）の登録者数は129万人超。

Instagram：biyou_uchiyama

モデル	高橋メアリージュン
撮影	浦田大作
	泉山美代子（P12-16）
ヘアメイク	堀 紘輔（+nine）
スタイリスト	市川友子
工程モデル	味岡宏佳（セントラルジャパン）
デザイン	柴田ユウスケ、吉本穂花、鳥居百恵（soda design）
DTP	風間佳子
イラスト	木波本陽子
執筆協力	山守麻衣
編集	古里文香（バブーン株式会社）

舌《した》が上《あ》がると顔《かお》は10歳《さい》若返《わかがえ》る

2025年4月30日発行　第1版
2025年6月20日発行　第1版　第2刷発行

著　者　内山友吾
発行者　若松和紀
発行所　株式会社 西東社
〒113-0034　東京都文京区湯島2-3-13
https://www.seitosha.co.jp/
電話　03-5800-3120（代）

※本書に記載のない内容のご質問や著者等の連絡先につきましては、お答えできかねます。

落丁・乱丁本は、小社「営業」宛にご送付ください。送料小社負担にてお取り替えいたします。
本書の内容の一部あるいは全部を無断で複製（コピー・データファイル化すること）、転載（ウェブサイト・ブログ等の電子メディアも含む）することは、法律で認められた場合を除き、著作者及び出版社の権利を侵害することになります。代行業者等の第三者に依頼して本書を電子データ化することも認められておりません。

ISBN 978-4-7916-3368-5